Golden GuideBook

DELICIOZAA !
#1

SAIN, RAPIDE & SAVOUREUX

60
RECETTES DE

GALETTES VÉGÉTARIENNES

VÉGÉTARIEN & PESCO VÉGÉTARIEN

Copyright © 2023 GOLDEN GUIDEBOOK
Tous droits réservés.
ISBN : 9798857158913

SOMMAIRE

Introduction	9
1. Galette de lentilles corail aux épinards	14
2. Galette de semoule de couscous aux légumes méditerranéens	16
3. Galette de pois chiches à la coriandre	18
4. Galette de lentilles beluga à la canadienne au sirop d'érable et au thym	20
5. Galette de riz aux légumes sautés	22
6. Galette de maïs aux haricots noirs	24
7. Galette de courgettes et de feta	26
8. Galette de citrouille et de pois chiches au curry	28
9. Galette de brocolis et de chou-fleur	30
10. Galette de pois cassés à la menthe	32
11. Galette de quinoa à la betterave	34
12. Galette de maïs et de poivrons	36
13. Galette de lentilles corail au curry	38
14. Galette de blé et de légumes grillés à la sauce miso	40
15. Galette de fèves et de lentilles corail au zaatar	42

16.	Galette de pois chiches à la tomate	44
17.	Galette de petit pois et de haricots blancs aux herbes provençales	46
18.	Galette de lentilles vertes et de carottes	48
19.	Galette de pommes de terre et de brocolis	50
20.	Galette de pois chiches à la coriandre et au cumin	52
21.	Galette de riz à la courgette et à l'aneth	54
22.	Galette de pomme et de quinoa aux épices automnales	56
23.	Galette de riz sauvage aux champignons shiitake et aux algues nori	58
24.	Galette de pois chiches et de courgettes	60
25.	Galette de patate douce aux lentilles vertes	62
26.	Galette de riz au chou-fleur	64
27.	Galette de lentilles corail à la courgette	66
28.	Galette de quinoa aux asperges et aux champignons	68
29.	Galette de brocolis et de carottes râpées	70
30.	Galette de patate douce à l'avocat	72
31.	Galette de lentilles vertes à la tomate	74

32. Galette de pois chiches aux épinards et à la feta — 76

33. Galette de tempeh à la sauce soja sucrée et au gingembre — 78

34. Galette de lentilles corail à la patate douce et au curry — 80

35. Galette de riz aux légumes d'été — 82

36. Galette de lentilles et topinambours aux épices marocaines — 84

37. Galette de lentilles vertes aux champignons — 86

38. Galette de quinoa aux poireaux et aux carottes — 88

39. Galette de coquillettes au fromage — 90

40. Galette de quinoa et chou kale aux noix de pécan — 92

41. Galette de patates douces aux épinards et à la ricotta — 94

42. Galette de lentilles vertes aux courgettes sautées — 96

43. Galette de riz noir au sésame grillé et aux algues wakame — 98

44. Galette de pois chiches à la patate douce aux épices indiennes — 100

45. Galette de riz à la courgette et à la noix de coco — 102

46. Galette de bananes plantain et de pois chiches à la coriandre — 104

47. Galette de lentilles vertes aux poivrons grillés — 106

48. Galette de quinoa aux champignons et à l'échalote — 108

49. Galette de quinoa thaïlandaise — 110

50. Galette de riz complet aux légumes d'automne — 112

51. Galette de haricots blancs au romarin et à l'ail — 114

52. Galette de quinoa aux légumes méditerranéens — 116

53. Galette de sarrasin aux champignons et à l'oignon — 118

54. Galette de lentilles corail et navet à la moutarde — 120

55. Galette de riz à la courgette et au basilic — 122

56. Galette de tofu à la sauce piquante et aux graines de sésame — 124

57. Galette de choux de Bruxelles et pois chiches au curry — 126

58. Galette de lentilles corail et de courge musquée à la cannelle et au cumin — 128

59. Galette de riz basmati aux herbes fraîches et aux graines de grenade — 130

60. Galette de potimarron et châtaigne à la cannelle et à la noix de muscade — 132

Conclusion — 135

INTRODUCTION

Bienvenue dans l'univers délicieusement alléchant de «DELICIOZAA !», une collection innovante de recettes culinaires qui éveilleront vos papilles et raviront toute la famille.

Ce premir manuel est conçu pour être bien plus qu'un simple recueil de recettes. C'est une invitation à explorer de nouveaux horizons gustatifs, à embrasser la diversité des saveurs et à adopter un mode de vie sain et équilibré.

Que vous soyez un fin gourmet à la recherche de nouvelles expériences culinaires ou un cuisinier du dimanche en quête d'inspiration, vous trouverez ici tout ce dont vous avez besoin pour égayer votre quotidien.

Plongez dans un univers où la créativité culinaire rencontre la simplicité des ingrédients. Notre collection de 60 recettes de galettes vous offre une multitude de possibilités pour apporter de l'innovation à votre table. Et le meilleur dans tout ça ? Ces recettes sont à la fois saines, rapides et savoureuses.

Nous comprenons que chaque personne a des besoins alimentaires différents, c'est pourquoi nous avons veillé à ce que nos recettes puissent s'adapter à différents régimes

alimentaires. Que vous soyez végétarien, pesco-végétarien ou méditerranéen, vous trouverez votre bonheur parmi nos délicieuses créations.
Mais nous n'oublions pas non plus les amateurs de viande. Nos recettes sont conçues pour satisfaire même les palais les plus carnivores, en proposant des alternatives végétales qui ne sacrifient en rien la saveur et la texture.

Chaque recette est soigneusement élaborée pour combiner harmonieusement des ingrédients du monde entier. Des épices envoûtantes de l'Asie aux saveurs vibrantes de l'Amérique du Sud, en passant par les délices de l'Inde et du Moyen-Orient, chaque bouchée vous transporte vers des contrées lointaines sans vous ruiner ni vous prendre beaucoup de temps.

Nos galettes végétales sont bien plus qu'un simple plat. Elles sont une véritable expérience culinaire qui éveille tous vos sens. Des mélanges d'épices exotiques aux textures croquantes, en passant par des combinaisons surprenantes de légumes et de protéines végétales, chaque recette est un voyage gustatif en soi.

Mais notre collection ne se limite pas à l'exotisme.

Nous avons également veillé à ce que nos recettes soient économiques et faciles à préparer. Nous savons que la vie peut être très prenante, c'est pourquoi nous avons créé des plats rapides à réaliser, sans compromis sur la saveur.
Vous pourrez ainsi vous régaler en un rien de temps, même lors des journées les plus chargées.

Alors, laissez-vous emporter par un monde de saveurs, d'arômes et de textures. Laissez votre créativité culinaire s'exprimer et égayez votre quotidien avec nos recettes délicieuses et accessibles à tous. Que vous soyez un fervent adepte de la viande ou un amoureux des légumes, «DELICIOZAA !» vous promet une expérience culinaire aussi incroyable qu'inoubliable.

Il ne vous reste plus qu'à enfiler votre tablier !

★★★★★

«Chers lectrices et lecteurs,
En tant qu'auteur, votre avis est d'une importance capitale.
J'ai consacré beaucoup de temps et d'efforts à la création de ce livre de recettes de galettes végétales.
Je vous invite sincèrement à laisser un avis afin de partager votre expérience.
Vos retours sont précieux et me permettront d'améliorer mon travail.
Merci d'avance pour votre soutien et votre contribution !»

RECETTES

Dans notre livre de recettes de galettes végétales, c'est vous qui êtes aux commandes !

Chaque personne qui les prépare apporte sa touche personnelle, rendant chaque galette unique.
Laissez libre cours à votre créativité en utilisant d'autres ingrédients ou ustensiles selon vos goûts et préférences.

Si la consistance n'est pas parfaite, ajustez-la en ajoutant de la farine, de la chapelure ou de la fécule de maïs pour l'épaissir, ou en la mouillant si elle est trop dense.

Partagez vos créations sur les réseaux sociaux avec les hashtags #GoldenGuideBook et #Deliciozaa pour inspirer d'autres gourmets !

Suivez-nous sur Instagram et Pinterest pour suivre nos aventures.
On a hâte de voir vos chefs-d'œuvre !
@GoldenGuideBook

GOLDENGUIDEBOOK

1. Ouvrez l'application
2. Accédez à la barre
3. Touchez pour scanner

1. GALETTE DE LENTILLES CORAIL AUX ÉPINARDS

INGRÉDIENTS

- 1 tasse de lentilles corail cuites (autocuiseur : 5-10 min, cuisson à l'eau : 10-15 min)
- 1 tasse d'épinards hachés
- 1/2 oignon haché
- 2 gousses d'ail émincées
- 1/2 cuillère à café de cumin en poudre
- 1/2 cuillère à café de paprika
- 1/4 de cuillère à café de sel
- 1/4 de cuillère à café de poivre
- 2 cuillères à soupe de farine de pois chiche
- Huile d'olive pour la cuisson

RECETTE

1. Dans un grand bol, écrasez les lentilles corail cuites à l'aide d'une fourchette.

2. Ajoutez les épinards hachés, l'oignon, l'ail, le cumin, le paprika, le sel et le poivre. Mélangez bien.

3. Ajoutez la farine de pois chiche et mélangez de nouveau jusqu'à obtenir une consistance semblable à une pâte.

4. Formez des galettes en prenant environ 2 cuillères à soupe de mélange pour chaque galette.

5. Faites chauffer un peu d'huile d'olive dans une poêle à feu moyen.

6. Faites cuire les galettes pendant environ 3 minutes de chaque côté, jusqu'à ce qu'elles soient dorées et croustillantes.

7. Servez chaud avec une sauce de votre choix ou dans un burger végétarien. Bon appétit !

2. GALETTE DE SEMOULE DE COUSCOUS AUX LÉGUMES MÉDITERRANÉENS

INGRÉDIENTS

- 1 tasse de semoule de couscous
- 1 tasse d'eau bouillante
- 1 courgette moyenne râpée
- 1 poivron rouge coupé en petits dés
- 1 oignon moyen finement haché
- 2 gousses d'ail écrasées
- 1/2 tasse de persil frais haché
- 1/2 tasse de menthe fraîche hachée
- 2 cuillères à soupe d'huile d'olive
- Sel et poivre au goût

RECETTE

1. Dans un grand bol, versez la semoule de couscous et ajoutez l'eau bouillante. Couvrez le bol d'un couvercle ou d'une assiette et laissez reposer pendant environ 10 minutes, jusqu'à ce que la semoule ait absorbé toute l'eau.

2. Pendant ce temps, dans une poêle, faites chauffer l'huile d'olive à feu moyen. Ajoutez l'oignon haché et l'ail écrasé, et faites-les revenir pendant quelques minutes jusqu'à ce qu'ils soient légèrement dorés.

3. Ajoutez la courgette râpée et le poivron coupé en dés dans la poêle. Faites cuire les légumes pendant environ 5 minutes, jusqu'à ce qu'ils soient tendres.

4. Retirez la poêle du feu et ajoutez le persil haché, la menthe hachée, le sel et le poivre. Mélangez bien tous les ingrédients.

5. Ajoutez les légumes cuits à la semoule de couscous et mélangez jusqu'à ce que tous les ingrédients soient bien incorporés.

6. Formez des petites galettes avec la pâte de semoule de couscous et légumes en utilisant environ 2 cuillères à soupe de mélange par galette.

7. Dans une poêle, faites chauffer un peu d'huile d'olive à feu moyen. Ajoutez les galettes de semoule de couscous et légumes dans la poêle et faites-les cuire pendant environ 3 à 4 minutes de chaque côté, jusqu'à ce qu'elles soient dorées et croustillantes.

8. Retirez les galettes de la poêle et égouttez-les sur du papier absorbant pour enlever l'excès d'huile.

9. Servez les galettes de semoule de couscous et légumes méditerranéens chaudes avec une sauce au yaourt à l'ail ou une sauce au tahini, si désiré. Bon appétit !

3. GALETTE DE POIS CHICHES À LA CORIANDRE

INGRÉDIENTS

- 400g de pois chiches cuits en boîte
- 1 oignon haché
- 3 gousses d'ail émincées
- 1 bouquet de coriandre fraîche hachée
- 1 cuillère à café de cumin en poudre
- 1 cuillère à café de coriandre en poudre
- Sel et poivre, au goût
- Huile d'olive, pour la cuisson

RECETTE

1. Dans un saladier, écrasez les pois chiches cuits à l'aide d'une fourchette ou d'un mixeur. Vous devez obtenir une texture légèrement granuleuse.

2. Ajoutez l'oignon haché, l'ail émincé, la coriandre fraîche hachée, le cumin en poudre, la coriandre en poudre, le sel et le poivre. Mélangez bien tous les ingrédients jusqu'à obtenir une pâte homogène.

3. Divisez la pâte en petites portions et façonnez-les en galettes de la taille d'une paume de main.

4. Dans une poêle, chauffez un peu d'huile d'olive à feu moyen. Faites cuire les galettes de pois chiches pendant environ 3 à 4 minutes de chaque côté, jusqu'à ce qu'elles soient dorées et croustillantes.

5. Retirez les galettes de pois chiches de la poêle et égouttez-les sur du papier absorbant pour enlever l'excès d'huile.

6. Servez les galettes de pois chiches chaudes, accompagnées d'une sauce au yaourt à la coriandre ou d'une sauce tahini. Vous pouvez également les déguster dans un sandwich ou dans une salade.
Bon appétit !

4. GALETTE DE LENTILLES BELUGA À LA CANADIENNE
AU SIROP D'ÉRABLE ET AU THYM

INGRÉDIENTS

- 1 tasse de lentilles beluga cuites et égouttées (autocuiseur : 15-20 min, cuisson à l'eau : 20-25 min)
- 1 oignon moyen finement haché
- 2 gousses d'ail écrasées
- 2 cuillères à soupe de sirop d'érable
- 1 cuillère à soupe de thym frais haché
- 1/2 tasse de chapelure
- 2 cuillères à soupe de farine tout usage
- Sel et poivre au goût
- Huile d'olive pour la cuisson

RECETTE

1. Dans un grand bol, écrasez les lentilles beluga cuites à l'aide d'une fourchette jusqu'à obtenir une consistance grossière.

2. Ajoutez l'oignon haché, l'ail écrasé, le sirop d'érable, le thym frais, la chapelure et la farine. Assaisonnez avec du sel et du poivre selon votre goût. Mélangez bien tous les ingrédients jusqu'à obtenir une pâte homogène.

3. Formez des petites galettes avec la pâte de lentilles beluga en utilisant environ 2 cuillères à soupe de mélange par galette.

4. Dans une poêle, faites chauffer un peu d'huile d'olive à feu moyen. Ajoutez les galettes de lentilles beluga dans la poêle et faites-les cuire pendant environ 3 à 4 minutes de chaque côté, jusqu'à ce qu'elles soient dorées et croustillantes.

5. Retirez les galettes de lentilles beluga de la poêle et égouttez-les sur du papier absorbant pour enlever l'excès d'huile.

6. Servez les galettes de lentilles beluga à la canadienne chaudes avec une sauce de votre choix, comme une sauce à l'érable et à la moutarde ou une sauce au yogourt et au citron.

Ces galettes de lentilles beluga sont délicieuses en accompagnement d'une salade d'épinards ou de légumes rôtis. Bon appétit !

5. GALETTE DE RIZ AUX LÉGUMES SAUTÉS

INGRÉDIENTS

- 2 tasses de riz cuit (à l'eau : 10 min)
- 1 tasse de légumes variés

(exemple: carottes, pois, poivrons, oignons)

- 2 cuillères à soupe de sauce soja
- 2 cuillères à soupe d'huile de sésame
- 2 gousses d'ail émincées
- 2 œufs battus
- Sel et poivre, au goût

RECETTE

1. Dans une grande poêle, faites chauffer l'huile de sésame à feu moyen.

2. Ajoutez les légumes variés et l'ail émincé dans la poêle. Faites sauter les légumes pendant environ 5 à 7 minutes, jusqu'à ce qu'ils soient tendres mais encore croquants.

3. Ajoutez le riz cuit dans la poêle et mélangez-le avec les légumes sautés. Assaisonnez avec la sauce soja, le sel et le poivre. Faites cuire pendant environ 2 à 3 minutes supplémentaires, en remuant continuellement pour bien mélanger les saveurs.

4. Déplacez le mélange de riz et légumes sur un côté de la poêle et versez les œufs battus de l'autre côté. Laissez cuire les œufs jusqu'à ce qu'ils soient légèrement brouillés, puis mélangez-les avec le riz et les légumes.

5. Retirez la poêle du feu et laissez le mélange refroidir légèrement.

6. Formez des galettes avec le mélange de riz et légumes en utilisant vos mains ou un emporte-pièce pour leur donner une forme uniforme.

7. Dans une autre poêle, chauffez un peu d'huile de sésame à feu moyen.

8. Faites cuire les galettes de riz de chaque côté pendant environ 2 à 3 minutes, jusqu'à ce qu'elles soient croustillantes et dorées.

9. Servez les galettes de riz aux légumes sautés chaudes, accompagnées d'une sauce soja ou d'une sauce chili. Bon appétit !

6. GALETTE DE MAÏS AUX HARICOTS NOIRS

INGRÉDIENTS

- 1 tasse de maïs en grains
- 1 tasse de haricots noirs cuits en boîte (ou trempage : 12 h puis, autocuiseur : 1h - 1h30 ou cuisson à l'eau : 20-25 min)
- 1/2 tasse de farine de maïs
- 1/2 tasse de farine de blé
- 1/4 tasse de coriandre fraîche hachée
- 1/4 tasse d'oignon rouge haché
- 1/2 cuillère à café de cumin en poudre
- 1/2 cuillère à café de paprika
- Sel et poivre, au goût
- Huile végétale, pour la cuisson

RECETTE

1. Dans un grand bol, mélangez ensemble le maïs en grains, les haricots noirs cuits, la farine de maïs, la farine de blé, la coriandre, l'oignon rouge, le cumin en poudre, le paprika, le sel et le poivre. Assurez-vous que tous les ingrédients sont bien incorporés.

2. Avec vos mains, formez des galettes d'environ 1/4 de pouce d'épaisseur avec le mélange. Assurez-vous de bien presser les galettes pour qu'elles se tiennent ensemble.

3. Dans une poêle, faites chauffer un peu d'huile végétale à feu moyen.

4. Ajoutez les galettes de maïs aux haricots noirs dans la poêle chauffée. Faites cuire les galettes pendant environ 4 à 5 minutes de chaque côté, ou jusqu'à ce qu'elles soient dorées et croustillantes.

5. Retirez les galettes de la poêle et égouttez-les sur du papier absorbant pour enlever l'excès d'huile.

6. Servez les galettes de maïs aux haricots noirs chaudes, garnies de salsa, de guacamole ou de crème sure. Bon appétit !

7. GALETTE DE COURGETTES ET DE FETA

INGRÉDIENTS

- 2 courgettes moyennes
- 1/2 tasse de feta émiettée
- 1/4 tasse de farine tout usage
- 2 œufs
- 2 cuillères à soupe de persil frais haché
- 2 gousses d'ail émincées
- Sel et poivre, au goût
- Huile d'olive, pour la cuisson

RECETTE

1. Râpez les courgettes et placez-les dans une passoire. Saupoudrez de sel et laissez reposer pendant 10 minutes pour que l'excès d'eau s'écoule. Pressez les courgettes râpées pour enlever toute l'eau restante.

2. Dans un grand bol, mélangez les courgettes râpées, la feta émiettée, la farine tout usage, les œufs, le persil frais haché et l'ail émincé. Assaisonnez avec du sel et du poivre selon votre goût.

3. Dans une grande poêle, faites chauffer un peu d'huile d'olive à feu moyen.

4. Prenez une portion de mélange de courgettes à l'aide d'une cuillère à soupe et déposez-la dans la poêle chaude. Aplatissez légèrement le mélange pour former une galette. Répétez l'opération avec le reste du mélange, en prenant soin de ne pas surcharger la poêle.

5. Faites cuire les galettes de courgettes et de feta pendant environ 3 à 4 minutes de chaque côté, ou jusqu'à ce qu'elles soient dorées et croustillantes.

6. Retirez les galettes de la poêle et égouttez-les sur du papier absorbant pour enlever l'excès d'huile.

7. Servez les galettes de courgettes et de feta chaudes, accompagnées d'une sauce au yaourt ou d'une sauce tzatziki. Bon appétit !

8. GALETTE DE CITROUILLE ET DE POIS CHICHES AU CURRY

INGRÉDIENTS

- 1 tasse de purée de citrouille (15 min à la vapeur ou 30 min à l'eau)
- 1 tasse de pois chiches cuits et écrasés
- 1 oignon moyen finement haché
- 2 gousses d'ail écrasées
- 1 cuillère à soupe de poudre de curry
- 1/2 tasse de chapelure
- 2 cuillères à soupe de farine tout usage
- Sel et poivre au goût
- Huile végétale pour la cuisson

RECETTE

1. Dans un grand bol, mélangez la purée de citrouille avec les pois chiches écrasés.

2. Ajoutez l'oignon haché, l'ail écrasé, la poudre de curry, la chapelure et la farine. Assaisonnez avec du sel et du poivre selon votre goût. Mélangez bien tous les ingrédients jusqu'à obtenir une pâte homogène.

3. Formez des petites galettes avec la pâte de citrouille et pois chiches en utilisant environ 2 cuillères à soupe de mélange par galette.

4. Dans une poêle, faites chauffer un peu d'huile végétale à feu moyen. Ajoutez les galettes de citrouille et pois chiches dans la poêle et faites-les cuire pendant environ 3 à 4 minutes de chaque côté, jusqu'à ce qu'elles soient dorées et croustillantes.

5. Retirez les galettes de la poêle et égouttez-les sur du papier absorbant pour enlever l'excès d'huile.

6. Servez les galettes de citrouille et pois chiches au curry chaudes avec une sauce au yaourt à la menthe ou une sauce au curry, si désiré.

Ces galettes de citrouille et pois chiches au curry sont délicieuses servies avec une salade verte ou du riz. Bon appétit !

9. GALETTE DE BROCOLIS ET DE CHOU-FLEUR

INGRÉDIENTS

- 1 petit chou-fleur, coupé en fleurettes
- 1 petit brocoli, coupé en fleurettes
- 1 oignon, haché
- 1/2 tasse de chapelure
- 1/4 tasse de parmesan râpé
- 2 œufs
- 2 cuillères à soupe de persil frais, haché
- 2 gousses d'ail, émincées
- Sel et poivre, au goût
- Huile d'olive, pour la cuisson

RECETTE

1. Faites cuire le chou-fleur et le brocoli à la vapeur jusqu'à ce qu'ils soient tendres. Égouttez et écrasez-les légèrement à l'aide d'une fourchette.

2. Dans un grand bol, mélangez le chou-fleur et le brocoli écrasés, l'oignon haché, la chapelure, le parmesan râpé, les œufs, le persil frais haché, l'ail émincé, le sel et le poivre. Assurez-vous que tous les ingrédients sont bien mélangés.

3. Faites chauffer un peu d'huile d'olive dans une grande poêle à feu moyen.

4. Prenez une portion de mélange à l'aide d'une cuillère à soupe et déposez-la dans la poêle chaude. Aplatissez légèrement le mélange pour former une galette. Répétez l'opération avec le reste du mélange, en prenant soin de ne pas surcharger la poêle.

5. Faites cuire les galettes de brocolis et de chou-fleur pendant environ 4 à 5 minutes de chaque côté, ou jusqu'à ce qu'elles soient dorées et croustillantes.

6. Retirez les galettes de la poêle et égouttez-les sur du papier absorbant pour enlever l'excès d'huile.

7. Servez les galettes de brocolis et de chou-fleur chaudes, accompagnées d'une sauce au yaourt ou d'une sauce au citron. Bon appétit !

10. GALETTE DE POIS CASSÉS À LA MENTHE

INGRÉDIENTS

- 1 tasse de pois cassés (trempage : 12 h)
- 1/2 oignon rouge, haché
- 2 gousses d'ail, émincées
- 1/4 tasse de farine de pois chiche
- 1/4 tasse de chapelure
- 2 cuillères à soupe de menthe fraîche hachée
- 1 cuillère à soupe de jus de citron
- 1 cuillère à café de cumin en poudre
- Sel et poivre, au goût
- Huile d'olive, pour la cuisson

RECETTE

1. Égouttez et rincez les pois cassés trempés. Faites-les cuire dans une casserole remplie d'eau bouillante pendant environ 15 à 20 minutes, ou jusqu'à ce qu'ils soient tendres. Égouttez et laissez refroidir légèrement.

2. Dans un grand bol, écrasez les pois cassés cuits à l'aide d'une fourchette ou d'un mixeur. Ajoutez l'oignon haché, l'ail émincé, la farine de pois chiche, la chapelure, la menthe fraîche hachée, le jus de citron, le cumin en poudre, le sel et le poivre. Mélangez bien tous les ingrédients.

3. Faites chauffer un peu d'huile d'olive dans une grande poêle à feu moyen.

4. Prenez une portion de mélange à l'aide d'une cuillère à soupe et déposez-la dans la poêle chaude. Aplatissez légèrement le mélange pour former une galette. Répétez l'opération avec le reste du mélange, en prenant soin de ne pas surcharger la poêle.

5. Faites cuire les galettes de pois cassés à la menthe pendant environ 4 à 5 minutes de chaque côté, ou jusqu'à ce qu'elles soient dorées et croustillantes.

6. Retirez les galettes de la poêle et égouttez-les sur du papier absorbant pour enlever l'excès d'huile.

7. Servez les galettes de pois cassés à la menthe chaudes, accompagnées d'une sauce au yaourt ou d'une sauce à la menthe. Bon appétit !

11. GALETTE DE QUINOA À LA BETTERAVE

INGRÉDIENTS

- 1 tasse de quinoa cuit (à l'eau : 10 min)
- 1 betterave moyenne, râpée
- 1 carotte moyenne, râpée (facultatif)
- 1 oignon, haché
- 1/4 tasse de farine tout usage
- 1/4 tasse de parmesan râpé
- 2 œufs
- 2 cuillères à soupe de persil frais, haché
- Sel et poivre, au goût
- Huile d'olive, pour la cuisson

RECETTE

1. Dans un grand bol, mélangez le quinoa cuit, la betterave râpée, la carotte râpée, l'oignon haché, la farine tout usage, le parmesan râpé, les œufs, le persil frais haché, le sel et le poivre. Assurez-vous que tous les ingrédients sont bien mélangés.

2. Faites chauffer un peu d'huile d'olive dans une grande poêle à feu moyen.

3. Prenez une portion de mélange à l'aide d'une cuillère à soupe et déposez-la dans la poêle chaude. Aplatissez légèrement le mélange pour former une galette. Répétez l'opération avec le reste du mélange, en prenant soin de ne pas surcharger la poêle.

4. Faites cuire les galettes de quinoa à la betterave pendant environ 4 à 5 minutes de chaque côté, ou jusqu'à ce qu'elles soient dorées et croustillantes.

5. Retirez les galettes de la poêle et égouttez-les sur du papier absorbant pour enlever l'excès d'huile.

6. Servez les galettes de quinoa à la betterave chaudes, accompagnées d'une sauce au yogourt ou d'une sauce à la coriandre. Bon appétit !

12. GALETTE DE MAÏS ET DE POIVRONS

INGRÉDIENTS

- 1 tasse de maïs en grains
- 1 poivron rouge, coupé en petits dés
- 1/2 oignon, haché finement
- 1 gousse d'ail, émincée
- 1/4 tasse de farine de maïs
- 1/4 tasse de farine tout usage
- 1/4 tasse de coriandre fraîche, hachée
- 1 œuf
- 2 cuillères à soupe de lait
- 1 cuillère à soupe d'huile d'olive
- Sel et poivre, au goût
- Huile végétale, pour la cuisson

RECETTE

1. Dans un grand bol, mélangez le maïs en grains, le poivron rouge, l'oignon, l'ail, la farine de maïs, la farine tout usage, la coriandre fraîche, l'œuf, le lait, l'huile d'olive, le sel et le poivre. Assurez-vous que tous les ingrédients sont bien mélangés.

2. Faites chauffer un peu d'huile végétale dans une grande poêle à feu moyen.

3. Prenez une portion de mélange à l'aide d'une cuillère à soupe et déposez-la dans la poêle chaude. Aplatissez légèrement le mélange pour former une galette. Répétez l'opération avec le reste du mélange, en prenant soin de ne pas surcharger la poêle.

4. Faites cuire les galettes de maïs et de poivrons pendant environ 3 à 4 minutes de chaque côté, ou jusqu'à ce qu'elles soient dorées et croustillantes.

5. Retirez les galettes de la poêle et égouttez-les sur du papier absorbant pour enlever l'excès d'huile.

6. Servez les galettes de maïs et de poivrons chaudes, accompagnées d'une sauce au yaourt ou d'une salsa. Bon appétit !

13. GALETTE DE LENTILLES CORAIL AU CURRY

INGRÉDIENTS

- 1 tasse de lentilles corail, rincées
- 1 oignon, haché
- 2 gousses d'ail, émincées
- 1 cuillère à soupe de pâte de curry
- 1/4 tasse de farine tout usage
- 2 cuillères à soupe de coriandre fraîche, hachée
- 1/2 cuillère à café de cumin en poudre
- Sel et poivre, au goût
- Huile végétale, pour la cuisson

RECETTE

1. Dans une casserole, faites cuire les lentilles corail dans de l'eau bouillante pendant environ 15 minutes, ou jusqu'à ce qu'elles soient tendres. Égouttez-les et écrasez-les légèrement à l'aide d'une fourchette.

2. Dans une poêle, faites chauffer un peu d'huile végétale à feu moyen. Ajoutez l'oignon et l'ail, et faites-les revenir jusqu'à ce qu'ils soient tendres et légèrement dorés.

3. Ajoutez la pâte de curry dans la poêle et faites-la sauter avec l'oignon et l'ail pendant environ 1 minute, pour faire ressortir les saveurs.

4. Dans un grand bol, mélangez les lentilles écrasées, le mélange d'oignon et d'ail, la farine tout usage, la coriandre fraîche, le cumin en poudre, le sel et le poivre. Assurez-vous que tous les ingrédients sont bien mélangés.

5. Faites chauffer un peu d'huile végétale dans une grande poêle à feu moyen.

6. Prenez une portion de mélange à l'aide d'une cuillère à soupe et déposez-la dans la poêle chaude. Aplatissez légèrement le mélange pour former une galette. Répétez l'opération avec le reste du mélange, en prenant soin de ne pas surcharger la poêle.

7. Faites cuire les galettes de lentilles corail au curry pendant environ 3 à 4 minutes de chaque côté, ou jusqu'à ce qu'elles soient dorées et croustillantes.

8. Retirez les galettes de la poêle et égouttez-les sur du papier absorbant pour enlever l'excès d'huile.

9. Servez les galettes de lentilles corail au curry chaudes, accompagnées d'une sauce au yaourt ou d'une sauce à la menthe. Bon appétit !

14. GALETTE DE BLÉ ET DE LÉGUMES GRILLÉS À LA SAUCE MISO

INGRÉDIENTS

- 200g de farine de blé
- 1 cuillère à café de sel
- 250ml d'eau
- 1 aubergine
- 1 courgette
- 1 poivron rouge
- 1 oignon
- 2 cuillères à soupe d'huile d'olive
- 2 cuillères à soupe de sauce miso
- 1 cuillère à soupe blé vinaigre de riz
- 1 cuillère à soupe de miel
- 1 cuillère à soupe de graines de sésame

RECETTE

1. Dans un grand bol, mélangez la farine de blé et le sel. Ajoutez progressivement l'eau tout en remuant jusqu'à obtenir une pâte lisse. Laissez reposer la pâte pendant environ 30 minutes.

2. Pendant ce temps, préparez les légumes en les coupant en fines tranches. Assurez-vous que les tranches sont de taille similaire pour une cuisson uniforme.

3. Dans une poêle, faites chauffer l'huile d'olive à feu moyen. Ajoutez les légumes tranchés et faites-les griller pendant environ 5 minutes de chaque côté, jusqu'à ce qu'ils soient tendres et légèrement dorés. Retirez les légumes de la poêle et réservez.

4. Dans un petit bol, mélangez la sauce miso, le vinaigre de riz et le miel jusqu'à obtenir une sauce homogène.

5. Revenez à la pâte à galette. Divisez-la en petites boules de la taille d'une balle de golf. Étalez chaque boule en une fine galette à l'aide d'un rouleau à pâtisserie.

6. Dans une autre poêle, faites chauffer un peu d'huile d'olive à feu moyen. Faites cuire chaque galette pendant environ 2 minutes de chaque côté, jusqu'à ce qu'elles soient légèrement dorées.

7. Pour servir, étalez une cuillère à soupe de sauce miso sur chaque galette. Ajoutez les légumes grillés et saupoudrez de graines de sésame.

8. Pliez les galettes en deux et servez-les chaudes. Bon appétit !

15. GALETTE DE FÈVES ET DE LENTILLES CORAIL
AU ZAATAR

INGRÉDIENTS

- 1 tasse de fèves cuites et égouttées (à l'eau : 10 min)
- 1 tasse de lentilles corail cuites et égouttées (autocuiseur : 5-10 min, cuisson à l'eau : 10-15 min)
- 1 oignon moyen finement haché
- 2 gousses d'ail écrasées
- 2 cuillères à soupe de zaatar (mélange d'épices du Moyen-Orient)
- 1/2 tasse de chapelure
- 2 cuillères à soupe de farine tout usage
- Sel et poivre au goût
- Huile d'olive pour la cuisson

RECETTE

1. Dans un grand bol, écrasez les fèves cuites et les lentilles corail cuites à l'aide d'une fourchette jusqu'à obtenir une consistance grossière.

2. Ajoutez l'oignon haché, l'ail écrasé, le zaatar, la chapelure et la farine. Assaisonnez avec du sel et du poivre selon votre goût. Mélangez bien tous les ingrédients jusqu'à obtenir une pâte homogène.

3. Formez des petites galettes avec la pâte de fèves et de lentilles corail en utilisant environ 2 cuillères à soupe de mélange par galette.

4. Dans une poêle, faites chauffer un peu d'huile d'olive à feu moyen. Ajoutez les galettes de fèves et de lentilles corail dans la poêle et faites-les cuire pendant environ 3 à 4 minutes de chaque côté, jusqu'à ce qu'elles soient dorées et croustillantes.

5. Retirez les galettes de fèves et de lentilles corail de la poêle et égouttez-les sur du papier absorbant pour enlever l'excès d'huile.

6. Servez les galettes de fèves et de lentilles corail au zaatar chaudes avec une sauce de votre choix, comme une sauce au yaourt à la menthe ou une sauce au tahini et au citron.

Ces galettes de fèves et de lentilles corail sont délicieuses en accompagnement d'une salade de tomates ou d'une purée d'aubergines. Bon appétit !

16. GALETTE DE POIS CHICHES À LA TOMATE

INGRÉDIENTS

- 1 boîte de pois chiches, égouttés et rincés
- 1/2 oignon, haché finement
- 2 gousses d'ail, émincées
- 1/4 tasse de persil frais, haché
- 2 cuillères à soupe de farine de pois chiche
- 1 cuillère à soupe de pâte de tomate
- 1 cuillère à café de cumin moulu
- 1 cuillère à café de paprika doux
- Sel et poivre, au goût
- Huile végétale, pour la cuisson

RECETTE

1. Dans un grand bol, écrasez les pois chiches à l'aide d'une fourchette jusqu'à obtenir une consistance grossière.

2. Ajoutez l'oignon, l'ail, le persil frais, la farine de pois chiche, la pâte de tomate, le cumin moulu, le paprika doux, le sel et le poivre. Mélangez bien tous les ingrédients.

3. Faites chauffer un peu d'huile végétale dans une grande poêle à feu moyen.

4. Prenez une portion de mélange à l'aide d'une cuillère à soupe et déposez-la dans la poêle chaude. Aplatissez légèrement le mélange pour former une galette. Répétez l'opération avec le reste du mélange, en prenant soin de ne pas surcharger la poêle.

5. Faites cuire les galettes de pois chiches à la tomate pendant environ 3 à 4 minutes de chaque côté, ou jusqu'à ce qu'elles soient dorées et croustillantes.

6. Retirez les galettes de la poêle et égouttez-les sur du papier absorbant pour enlever l'excès d'huile.

7. Servez les galettes de pois chiches à la tomate chaudes, accompagnées d'une sauce au yaourt citronnée ou d'une sauce à la coriandre. Bon appétit !

17. GALETTE DE PETIT POIS ET DE HARICOTS BLANCS
AUX HERBES PROVENÇALES

INGRÉDIENTS

- 200g de petits pois cuits (à l'eau : 10 min)
- 200g de haricots blancs cuits (trempage : 12 h puis, autocuiseur : 20 min, cuisson à l'eau : 30 min)
- 1 oignon finement haché
- 2 gousses d'ail émincées
- 2 cuillères à soupe d'herbes provençales séchées
- 2 cuillères à soupe de farine
- Sel et poivre au goût
- Huile d'olive pour la cuisson

RECETTE

1. Dans un grand bol, écrasez les petits pois et les haricots blancs à l'aide d'une fourchette ou d'un mixeur jusqu'à obtenir une consistance grossière.

2. Ajoutez l'oignon haché, l'ail émincé, les herbes provençales, la farine, le sel et le poivre. Mélangez bien.

3. Formez des petites galettes avec le mélange en utilisant vos mains.

4. Faites chauffer un peu d'huile d'olive dans une poêle à feu moyen.

5. Placez les galettes dans la poêle chaude et faites-les cuire pendant environ 3-4 minutes de chaque côté, jusqu'à ce qu'elles soient dorées et croustillantes.

6. Retirez les galettes de la poêle et placez-les sur du papier absorbant pour éliminer l'excès d'huile.

7. Servez les galettes chaudes en accompagnement de plats principaux ou en entrée. Bon appétit!

18. GALETTE DE LENTILLES VERTES ET DE CAROTTES

INGRÉDIENTS

- 1 tasse de lentilles vertes cuites (autocuiseur : 20-25 min, cuisson à l'eau : 20-25 min)
- 2 carottes, râpées
- 1/2 oignon, haché finement
- 2 gousses d'ail, émincées
- 1/4 tasse de chapelure
- 2 cuillères à soupe de farine
- 1 cuillère à café de cumin moulu
- 1 cuillère à café de coriandre moulue
- Sel et poivre, au goût
- Huile d'olive, pour la cuisson

RECETTE

1. Dans un grand bol, écrasez légèrement les lentilles vertes cuites à l'aide d'une fourchette.

2. Ajoutez les carottes râpées, l'oignon haché, l'ail émincé, la chapelure, la farine, le cumin moulu, la coriandre moulue, le sel et le poivre. Mélangez bien tous les ingrédients.

3. Formez des galettes en prenant une portion du mélange à l'aide d'une cuillère à soupe et en l'aplatissant légèrement.

4. Dans une poêle, faites chauffer un peu d'huile d'olive à feu moyen.

5. Faites cuire les galettes de lentilles vertes et de carottes pendant environ 3 à 4 minutes de chaque côté, ou jusqu'à ce qu'elles soient dorées et croustillantes.

6. Retirez les galettes de la poêle et égouttez-les sur du papier absorbant pour enlever l'excès d'huile.

7. Servez les galettes de lentilles vertes et de carottes chaudes, accompagnées d'une sauce au yaourt à la menthe ou d'une sauce tomate épicée. Bon appétit !

19. GALETTE DE POMMES DE TERRE ET DE BROCOLIS

INGRÉDIENTS

- 2 pommes de terre moyennes, cuites et écrasées (autocuiseur : 20 min, cuisson à l'eau : 20 min)
- 1 tasse de brocolis cuits et hachés finement (autocuiseur : 10 min, cuisson à l'eau : 7 min)
- 1/2 oignon, haché finement
- 1 gousse d'ail, émincée
- 1/4 tasse de chapelure
- 2 cuillères à soupe de farine
- 1 cuillère à soupe de persil frais, haché
- 1 cuillère à café de paprika
- Sel et poivre, au goût
- Huile d'olive, pour la cuisson

RECETTE

1. Dans un grand bol, mélangez les pommes de terre écrasées, les brocolis hachés, l'oignon haché, l'ail émincé, la chapelure, la farine, le persil, le paprika, le sel et le poivre. Assurez-vous que tous les ingrédients sont bien mélangés.

2. Formez des galettes avec le mélange en prenant une portion à l'aide d'une cuillère à soupe et en l'aplatissant légèrement.

3. Dans une poêle, faites chauffer un peu d'huile d'olive à feu moyen.

4. Faites cuire les galettes de pommes de terre et de brocolis pendant environ 3 à 4 minutes de chaque côté, ou jusqu'à ce qu'elles soient dorées et croustillantes.

5. Retirez les galettes de la poêle et égouttez-les sur du papier absorbant pour enlever l'excès d'huile.

6. Servez les galettes de pommes de terre et de brocolis chaudes, accompagnées d'une sauce au yaourt à la menthe ou d'une sauce au fromage blanc. Bon appétit !

20. GALETTE DE POIS CHICHES À LA CORIANDRE ET AU CUMIN

INGRÉDIENTS

- 1 boîte de pois chiches, égouttés et rincés
- 1 oignon, haché finement
- 3 gousses d'ail, émincées
- 1/2 tasse de coriandre fraîche, hachée
- 1 cuillère à café de cumin moulu
- 1 cuillère à café de coriandre moulue
- 1/4 tasse de farine de pois chiche
- Sel et poivre, au goût
- Huile d'olive, pour la cuisson

RECETTE

1. Dans un robot culinaire, ajoutez les pois chiches, l'oignon, l'ail, la coriandre fraîche, le cumin moulu, la coriandre moulue, la farine de pois chiche, le sel et le poivre. Mélangez jusqu'à obtenir une pâte homogène.

2. Formez des galettes en prenant une portion de la pâte à l'aide d'une cuillère à soupe et en l'aplatissant légèrement.

3. Dans une poêle, faites chauffer un peu d'huile d'olive à feu moyen.

4. Faites cuire les galettes de pois chiches pendant environ 3 à 4 minutes de chaque côté, ou jusqu'à ce qu'elles soient dorées et croustillantes.

5. Retirez les galettes de la poêle et égouttez-les sur du papier absorbant pour enlever l'excès d'huile.

6. Servez les galettes de pois chiches chaudes, accompagnées d'une sauce au yaourt à la menthe ou d'une sauce au tahini. Bon appétit !

21. GALETTE DE RIZ À LA COURGETTE ET À L'ANETH

INGRÉDIENTS

- 1 tasse de riz cuit et refroidi (cuisson à l'eau : 10 min)
- 1 courgette moyenne, râpée
- 1 petit oignon, haché finement
- 2 gousses d'ail, émincées
- 2 cuillères à soupe d'aneth frais, haché
- 2 cuillères à soupe de farine
- 2 œufs
- Sel et poivre, au goût
- Huile d'olive, pour la cuisson

RECETTE

1. Dans un grand bol, mélangez le riz cuit, la courgette râpée, l'oignon haché, l'ail émincé, l'aneth frais, la farine, les œufs, le sel et le poivre. Assurez-vous que tous les ingrédients sont bien mélangés.

2. Formez des galettes en prenant une portion de la préparation à l'aide d'une cuillère à soupe et en l'aplatissant légèrement.

3. Dans une poêle, faites chauffer un peu d'huile d'olive à feu moyen.

4. Faites cuire les galettes de riz à la courgette et à l'aneth pendant environ 3 à 4 minutes de chaque côté, ou jusqu'à ce qu'elles soient dorées et croustillantes.

5. Retirez les galettes de la poêle et égouttez-les sur du papier absorbant pour enlever l'excès d'huile.

6. Servez les galettes de riz à la courgette et à l'aneth chaudes, accompagnées d'une sauce au yaourt à l'ail ou d'une sauce au citron. Bon appétit !

22. GALETTE DE POMME ET DE QUINOA

AUX ÉPICES AUTOMNALES

INGRÉDIENTS

- 1 tasse de quinoa cuit (à l'eau : 10 min)
- 1 pomme moyenne râpée
- 1/4 de tasse de farine d'amande
- 1/4 de tasse de farine tout usage
- 1 cuillère à café de cannelle
- 1/2 cuillère à café de muscade
- 1/4 de cuillère à café de clou de girofle moulu
- 1/4 de cuillère à café de gingembre moulu
- 1/4 de cuillère à café de sel
- 2 cuillères à soupe de sirop d'érable
- 1 cuillère à soupe d'huile de coco fondue
- 1 cuillère à café d'extrait de vanille
- Huile végétale pour la cuisson

RECETTE

1. Dans un grand bol, mélangez le quinoa cuit avec la pomme râpée.

2. Ajoutez la farine d'amande, la farine tout usage, la cannelle, la muscade, le clou de girofle moulu, le gingembre moulu et le sel. Mélangez bien tous les ingrédients.

3. Dans un petit bol, mélangez le sirop d'érable, l'huile de coco fondue et l'extrait de vanille. Versez ce mélange sur le mélange de quinoa et pomme, et mélangez jusqu'à obtenir une pâte homogène.

4. Formez des petites galettes avec la pâte de quinoa et pomme en utilisant environ 2 cuillères à soupe de mélange par galette.

5. Dans une poêle, faites chauffer un peu d'huile végétale à feu moyen. Ajoutez les galettes de quinoa et pomme dans la poêle et faites-les cuire pendant environ 3 à 4 minutes de chaque côté, jusqu'à ce qu'elles soient dorées et croustillantes.

6. Retirez les galettes de la poêle et égouttez-les sur du papier absorbant pour enlever l'excès d'huile.

7. Servez les galettes de pomme et quinoa aux épices automnales chaudes avec une cuillerée de yaourt grec ou une sauce au caramel, si désiré.

Ces galettes de pomme et quinoa sont délicieuses en dessert ou en collation. Bon appétit !

23. GALETTE DE RIZ SAUVAGE AUX CHAMPIGNONS SHIITAKE ET AUX ALGUES NORI

INGRÉDIENTS

- 1 tasse de riz sauvage cuit (cuisson à l'eau : 1h15)
- 100 g de champignons shiitake, coupés en petits morceaux
- 2 feuilles d'algues nori, coupées en petits morceaux
- 1 oignon, haché
- 2 gousses d'ail, hachées finement
- 1 cuillère à soupe de sauce soja
- 1 cuillère à soupe d'huile de sésame
- Sel et poivre selon votre goût
- 2 cuillères à soupe de farine

RECETTE

1. Dans une poêle, faites chauffer l'huile de sésame et faites revenir l'oignon et l'ail jusqu'à ce qu'ils soient translucides.

2. Ajoutez les champignons shiitake et faites-les cuire jusqu'à ce qu'ils ramollissent.

3. Dans un grand bol, mélangez le riz sauvage cuit, les champignons shiitake, les algues nori, la sauce soja, le sel et le poivre.

4. Ajoutez la farine petit à petit jusqu'à obtenir une consistance qui permet de former des galettes.

5. Formez des galettes avec le mélange de riz et de champignons.

6. Dans une poêle antiadhésive, faites chauffer un peu d'huile et faites cuire les galettes des deux côtés jusqu'à ce qu'elles soient dorées et croustillantes.

7. Servez les galettes chaudes accompagnées d'une sauce soja ou d'une sauce au sésame. Bon appétit !

24. GALETTE DE POIS CHICHES ET DE COURGETTES

INGRÉDIENTS

- 1 boîte de pois chiches, égouttés et rincés
- 1 courgette moyenne, râpée
- 1 oignon, haché finement
- 2 gousses d'ail, émincées
- 1/4 tasse de persil frais, haché
- 1/4 tasse de farine de pois chiche (ou autre farine sans gluten)
- 1 cuillère à café de cumin moulu
- 1/2 cuillère à café de paprika
- Sel et poivre, au goût
- Huile d'olive, pour la cuisson

RECETTE

1. Dans un grand bol, mélangez les pois chiches égouttés, la courgette râpée, l'oignon haché, l'ail émincé, le persil frais, la farine de pois chiche, le cumin moulu, le paprika, le sel et le poivre. Assurez-vous que tous les ingrédients sont bien mélangés.

2. Formez des galettes en prenant une portion de la préparation à l'aide d'une cuillère à soupe et en l'aplatissant légèrement.

3. Dans une poêle, faites chauffer un peu d'huile d'olive à feu moyen.

4. Faites cuire les galettes de pois chiches et de courgettes pendant environ 3 à 4 minutes de chaque côté, ou jusqu'à ce qu'elles soient dorées et croustillantes.

5. Retirez les galettes de la poêle et égouttez-les sur du papier absorbant pour enlever l'excès d'huile.

6. Servez les galettes de pois chiches et de courgettes chaudes, accompagnées d'une sauce au yaourt à l'ail et au citron ou d'une sauce tzatziki. Bon appétit !

25. GALETTE DE PATATE DOUCE AUX LENTILLES VERTES

INGRÉDIENTS

- 1 tasse de lentilles vertes cuites (autocuiseur : 20-25 min, cuisson à l'eau : 20-25 min)
- 1 patate douce moyenne, cuite et écrasée (autocuiseur : 5 min, cuisson à l'eau : 10 min)
- 1 oignon, haché finement
- 2 gousses d'ail, émincées
- 1/4 tasse de coriandre fraîche, hachée
- 1 cuillère à café de cumin moulu
- 1 cuillère à café de paprika
- Sel et poivre, au goût
- 1/4 tasse de farine de blé entier
- Huile d'olive, pour la cuisson

RECETTE

1. Dans un grand bol, mélangez les lentilles vertes cuites, la patate douce écrasée, l'oignon haché, l'ail émincé, la coriandre fraîche, le cumin moulu, le paprika, le sel et le poivre. Assurez-vous que tous les ingrédients sont bien mélangés.

2. Formez des galettes en prenant une portion de la préparation à l'aide d'une cuillère à soupe et en l'aplatissant légèrement.

3. Dans une poêle, faites chauffer un peu d'huile d'olive à feu moyen.

4. Faites cuire les galettes de patate douce aux lentilles vertes pendant environ 3 à 4 minutes de chaque côté, ou jusqu'à ce qu'elles soient dorées et croustillantes.

5. Retirez les galettes de la poêle et égouttez-les sur du papier absorbant pour enlever l'excès d'huile.

6. Servez les galettes de patate douce aux lentilles vertes chaudes, accompagnées d'une sauce au yaourt à la menthe ou d'une sauce à la coriandre et au citron vert. Bon appétit !

26. GALETTE DE RIZ AU CHOU-FLEUR

INGRÉDIENTS

- 1 chou-fleur moyen, râpé
- 1 oignon, haché finement
- 2 gousses d'ail, émincées
- 1/4 tasse de coriandre fraîche, hachée
- 1 cuillère à café de cumin moulu
- 1 cuillère à café de curcuma moulu
- Sel et poivre, au goût
- 1 tasse de riz cuit (cuisson à l'eau : 10 min)
- 2 cuillères à soupe de farine tout usage
- Huile d'olive, pour la cuisson

RECETTE

1. Dans un grand bol, mélangez le chou-fleur râpé, l'oignon haché, l'ail émincé, la coriandre fraîche, le cumin moulu, le curcuma moulu, le sel et le poivre. Assurez-vous que tous les ingrédients sont bien mélangés.

2. Ajoutez le riz cuit et la farine tout usage dans le bol et mélangez jusqu'à obtenir une consistance homogène.

3. Formez des galettes en prenant une portion de la préparation à l'aide d'une cuillère à soupe et en les aplatissant légèrement.

4. Dans une poêle, faites chauffer un peu d'huile d'olive à feu moyen.

5. Faites cuire les galettes de riz au chou-fleur pendant environ 3 à 4 minutes de chaque côté, ou jusqu'à ce qu'elles soient dorées et croustillantes.

6. Retirez les galettes de la poêle et égouttez-les sur du papier absorbant pour enlever l'excès d'huile.

7. Servez les galettes de riz au chou-fleur chaudes, accompagnées d'une sauce à la menthe ou d'une sauce au yaourt à l'ail. Bon appétit !

27. GALETTE DE LENTILLES CORAIL À LA COURGETTE

INGRÉDIENTS

- 1 tasse de lentilles corail cuites (autocuiseur : 5-10 min, cuisson à l'eau : 10-15 min)
- 1 petite courgette, râpée
- 1 oignon, haché finement
- 2 gousses d'ail, émincées
- 1/4 tasse de coriandre fraîche, hachée
- 1 cuillère à café de cumin moulu
- 1 cuillère à café de curcuma moulu
- Sel et poivre, au goût
- 1/4 tasse de farine tout usage
- Huile d'olive, pour la cuisson

RECETTE

1. Dans un grand bol, mélangez les lentilles corail cuites, la courgette râpée, l'oignon haché, l'ail émincé, la coriandre fraîche, le cumin moulu, le curcuma moulu, le sel et le poivre. Assurez-vous que tous les ingrédients sont bien mélangés.

2. Ajoutez la farine tout usage dans le bol et mélangez jusqu'à obtenir une consistance homogène.

3. Formez des galettes en prenant une portion de la préparation à l'aide d'une cuillère à soupe et en les aplatissant légèrement.

4. Dans une poêle, faites chauffer un peu d'huile d'olive à feu moyen.

5. Faites cuire les galettes de lentilles corail à la courgette pendant environ 3 à 4 minutes de chaque côté, ou jusqu'à ce qu'elles soient dorées et croustillantes.

6. Retirez les galettes de la poêle et égouttez-les sur du papier absorbant pour enlever l'excès d'huile.

7. Servez les galettes de lentilles corail à la courgette chaudes, accompagnées d'une sauce au yaourt et à la menthe, ou d'une sauce à la tomate. Bon appétit !

28. GALETTE DE QUINOA AUX ASPERGES ET AUX CHAMPIGNONS

INGRÉDIENTS

- 1 tasse de quinoa cuit (à l'eau : 10 min)
- 1 botte d'asperges, coupées en petits morceaux
- 200g de champignons, tranchés
- 1 oignon, haché finement
- 2 gousses d'ail, émincées
- 1/4 tasse de persil frais, haché
- Sel et poivre, au goût
- 2 cuillères à soupe de farine tout usage
- Huile d'olive, pour la cuisson

RECETTE

1. Dans une poêle, faites chauffer un peu d'huile d'olive à feu moyen. Ajoutez les asperges, les champignons, l'oignon, et l'ail dans la poêle. Faites cuire pendant environ 5 minutes, ou jusqu'à ce que les légumes soient tendres.

2. Dans un grand bol, mélangez le quinoa cuit, les légumes cuits, le persil frais, le sel, le poivre, et la farine tout usage. Assurez-vous que tous les ingrédients sont bien mélangés.

3. Formez des galettes en prenant une portion de la préparation à l'aide d'une cuillère à soupe et en les aplatissant légèrement.

4. Dans la même poêle, ajoutez un peu plus d'huile d'olive si nécessaire, puis faites chauffer à feu moyen. Placez les galettes de quinoa dans la poêle et faites cuire pendant environ 3 à 4 minutes de chaque côté, ou jusqu'à ce qu'elles soient dorées et croustillantes.

5. Retirez les galettes de la poêle et égouttez-les sur du papier absorbant pour enlever l'excès d'huile.

6. Servez les galettes de quinoa aux asperges et aux champignons chaudes, accompagnées d'une sauce à la crème légère ou d'une sauce au yaourt citronnée. Bon appétit !

29. GALETTE DE BROCOLIS ET DE CAROTTES RÂPÉES

INGRÉDIENTS

- 1 tête de brocoli, coupée en petits morceaux
- 2 carottes, râpées
- 1 oignon, haché finement
- 2 gousses d'ail, émincées
- 1/4 tasse de persil frais, haché
- Sel et poivre, au goût
- 2 cuillères à soupe de farine tout usage
- 2 œufs, battus
- Huile d'olive, pour la cuisson

RECETTE

1. Faites cuire les morceaux de brocoli à la vapeur pendant environ 5 minutes, ou jusqu'à ce qu'ils soient tendres. Égouttez et laissez refroidir.

2. Dans un grand bol, mélangez le brocoli cuit, les carottes râpées, l'oignon haché, l'ail émincé, le persil frais, le sel, le poivre, la farine tout usage et les œufs battus. Assurez-vous que tous les ingrédients soient bien mélangés.

3. Formez des galettes en prenant une portion de la préparation à l'aide d'une cuillère à soupe et en les aplatissant légèrement.

4. Dans une poêle, faites chauffer un peu d'huile d'olive à feu moyen. Placez les galettes de brocoli et de carottes dans la poêle et faites cuire pendant environ 3 à 4 minutes de chaque côté, ou jusqu'à ce qu'elles soient dorées et croustillantes.

5. Retirez les galettes de la poêle et égouttez-les sur du papier absorbant pour enlever l'excès d'huile.

6. Servez les galettes de brocoli et de carottes râpées chaudes, accompagnées d'une sauce au yaourt et à l'aneth, ou d'une sauce à la moutarde et au miel. Bon appétit !

30. GALETTE DE PATATE DOUCE À L'AVOCAT

INGRÉDIENTS

- 2 patates douces, pelées et râpées
- 1 avocat, pelé et écrasé
- 1 oignon, haché finement
- 2 gousses d'ail, émincées
- 1/4 tasse de coriandre fraîche, hachée
- Sel et poivre, au goût
- 2-4 cuillères à soupe de farine tout usage
- Huile d'olive, pour la cuisson

RECETTE

1. Dans un grand bol, mélangez les patates douces râpées, l'avocat écrasé, l'oignon haché, l'ail émincé, la coriandre fraîche, le sel, le poivre et la farine tout usage. Assurez-vous que tous les ingrédients soient bien mélangés.

2. Formez des galettes en prenant une portion de la préparation à l'aide d'une cuillère à soupe et en les aplatissant légèrement.

3. Dans une poêle, faites chauffer un peu d'huile d'olive à feu moyen. Placez les galettes de patate douce dans la poêle et faites cuire pendant environ 3 à 4 minutes de chaque côté, ou jusqu'à ce qu'elles soient dorées et croustillantes.

4. Retirez les galettes de la poêle et égouttez-les sur du papier absorbant pour enlever l'excès d'huile.

5. Servez les galettes de patate douce à l'avocat chaudes, accompagnées d'une sauce à la crème d'avocat ou d'une sauce pimentée maison. Bon appétit !

31. GALETTE DE LENTILLES VERTES À LA TOMATE

INGRÉDIENTS

- 1 tasse de lentilles vertes, cuites et égouttées (autocuiseur : 20-25 min, cuisson à l'eau : 20-25 min)
- 1/2 oignon, haché finement
- 2 gousses d'ail, émincées
- 1 tomate, coupée en petits dés
- 1/4 tasse de persil frais, haché
- Sel et poivre, au goût
- 2 cuillères à soupe de farine tout usage
- Huile d'olive, pour la cuisson

RECETTE

1. Dans un grand bol, écrasez légèrement les lentilles cuites à l'aide d'une fourchette.

2. Ajoutez l'oignon haché, l'ail émincé, la tomate en dés, le persil frais, le sel, le poivre et la farine tout usage. Mélangez bien tous les ingrédients.

3. Formez des galettes en prenant une portion de la préparation à l'aide d'une cuillère à soupe et en les aplatissant légèrement.

4. Dans une poêle, faites chauffer un peu d'huile d'olive à feu moyen. Placez les galettes de lentille et de tomate dans la poêle et faites cuire pendant environ 3 à 4 minutes de chaque côté, ou jusqu'à ce qu'elles soient dorées et croustillantes.

5. Retirez les galettes de la poêle et égouttez-les sur du papier absorbant pour enlever l'excès d'huile.

6. Servez les galettes de lentilles vertes à la tomate chaudes, accompagnées d'une sauce au yaourt à l'ail ou d'une sauce tomate épicée. Bon appétit !

32. GALETTE DE POIS CHICHES AUX ÉPINARDS ET À LA FETA

INGRÉDIENTS

- 1 boîte de pois chiches, égouttés et rincés
- 2 tasses d'épinards frais, grossièrement hachés
- 1/2 oignon rouge, haché finement
- 2 gousses d'ail, émincées
- 1/4 tasse de feta émiettée
- 2 cuillères à soupe de farine de pois chiche (ou de farine tout usage)
- 1 cuillère à soupe de jus de citron
- 1 cuillère à café de cumin en poudre
- Sel et poivre, au goût
- Huile d'olive, pour la cuisson

RECETTE

1. Dans un robot culinaire, combinez les pois chiches, les épinards, l'oignon rouge, l'ail, la feta, la farine de pois chiche, le jus de citron, le cumin, le sel et le poivre. Mixez jusqu'à obtenir une texture grossièrement lisse.

2. Transférez la préparation dans un grand bol et mélangez bien tous les ingrédients.

3. Formez des galettes en prenant une portion de la préparation à l'aide d'une cuillère à soupe et en les aplatissant légèrement.

4. Dans une poêle, faites chauffer un peu d'huile d'olive à feu moyen. Placez les galettes de pois chiches dans la poêle et faites cuire pendant environ 3 à 4 minutes de chaque côté, ou jusqu'à ce qu'elles soient dorées et croustillantes.

5. Retirez les galettes de la poêle et égouttez-les sur du papier absorbant pour enlever l'excès d'huile.

6. Servez les galettes de pois chiches aux épinards et à la feta chaudes, accompagnées d'une sauce au yaourt à la menthe ou d'une sauce à l'ail et au citron. Bon appétit !

33. GALETTE DE TEMPEH À LA SAUCE SOJA SUCRÉE ET AU GINGEMBRE.

INGRÉDIENTS

- 250g de tempeh
- 2 cuillères à soupe de sauce soja
- 1 cuillère à soupe de sauce soja sucrée
- 1 cuillère à soupe de gingembre frais râpé
- 2 gousses d'ail émincées
- 2 cuillères à soupe d'huile végétale
- 2 cuillères à soupe de farine
- 1/4 de cuillère à café de sel
- 1/4 de cuillère à café de poivre
- 2 cuillères à soupe de coriandre fraîche hachée (facultatif)

RECETTE

1. Coupez le tempeh en tranches d'environ 1 cm d'épaisseur.

2. Dans un bol, mélangez la sauce soja, la sauce soja sucrée, le gingembre râpé et l'ail émincé.

3. Placez les tranches de tempeh dans le mélange de sauce et laissez mariner pendant au moins 15 minutes.

4. Dans une poêle, faites chauffer l'huile végétale à feu moyen.

5. Dans un autre bol, mélangez la farine, le sel et le poivre. Enrobez chaque tranche de tempeh mariné de ce mélange.

6. Faites cuire les tranches de tempeh dans la poêle chaude pendant environ 3-4 minutes de chaque côté, jusqu'à ce qu'elles soient dorées et croustillantes.

7. Retirez les tranches de tempeh de la poêle et placez-les sur du papier absorbant pour éliminer l'excès d'huile.

8. Garnissez les galettes de tempeh de coriandre fraîche hachée (si désiré) et servez-les chaudes. Bon appétit !

34. GALETTE DE LENTILLES CORAIL À LA PATATE DOUCE ET AU CURRY

INGRÉDIENTS

- 1 tasse de lentilles corail, rincées et égouttées (autocuiseur : 5-10 min, cuisson à l'eau : 10-15 min)
- 1 patate douce moyenne, pelée et coupée en dés
- 1/2 oignon rouge, haché finement
- 2 gousses d'ail, émincées
- 2 cuillères à soupe de farine de pois chiche (ou de farine tout usage)
- 1 cuillère à soupe de pâte de curry (selon votre goût)
- 1 cuillère à café de cumin en poudre
- Sel et poivre, au goût
- Huile d'olive, pour la cuisson

RECETTE

1. Dans une casserole, faites cuire les lentilles corail dans de l'eau bouillante pendant environ 10 minutes, jusqu'à ce qu'elles soient tendres. Égouttez-les bien.

2. Pendant ce temps, faites cuire les dés de patate douce à la vapeur jusqu'à ce qu'ils soient tendres. Écrasez-les avec une fourchette.

3. Dans un grand bol, mélangez les lentilles corail cuites, la patate douce écrasée, l'oignon rouge, l'ail émincé, la farine de pois chiche, la pâte de curry, le cumin, le sel et le poivre. Veillez à bien incorporer tous les ingrédients.

4. Formez des galettes en prenant une portion de la préparation à l'aide d'une cuillère à soupe et en les aplatissant légèrement.

5. Dans une poêle, faites chauffer un peu d'huile d'olive à feu moyen. Placez les galettes de lentilles corail dans la poêle et faites cuire pendant environ 3 à 4 minutes de chaque côté, ou jusqu'à ce qu'elles soient dorées et croustillantes.

6. Retirez les galettes de la poêle et égouttez-les sur du papier absorbant pour enlever l'excès d'huile.

7. Servez les galettes de lentilles corail à la patate douce et au curry chaudes, accompagnées d'une sauce au yaourt à la coriandre ou d'une sauce au citron et à la menthe. Bon appétit !

35. GALETTE DE RIZ AUX LÉGUMES D'ÉTÉ
AUBERGINE, COURGETTE, POIVRON

INGRÉDIENTS

- 1 tasse de riz cuit (cuisson à l'eau : 10 min)
- 1 petite aubergine, coupée en petits dés
- 1 petite courgette, coupée en petits dés
- 1 poivron rouge, coupé en petits dés
- 1/2 oignon rouge, haché finement
- 2 gousses d'ail, émincées
- 2 cuillères à soupe de farine tout usage
- 1 cuillère à café de paprika
- 1/2 cuillère à café de cumin en poudre
- Sel et poivre, au goût
- Huile d'olive, pour la cuisson

RECETTE

1. Dans une poêle, faites chauffer un peu d'huile d'olive à feu moyen. Ajoutez l'oignon rouge et l'ail émincé, et faites revenir pendant quelques minutes jusqu'à ce qu'ils soient légèrement dorés.

2. Ajoutez les dés d'aubergine, de courgette et de poivron rouge dans la poêle. Faites cuire pendant environ 5 à 7 minutes, jusqu'à ce que les légumes soient tendres.

3. Dans un grand bol, mélangez le riz cuit, les légumes cuits, la farine tout usage, le paprika, le cumin, le sel et le poivre. Assurez-vous que tous les ingrédients sont bien mélangés.

4. Formez des galettes en prenant une portion de la préparation à l'aide d'une cuillère à soupe et en les aplatissant légèrement.

5. Dans une poêle, faites chauffer un peu d'huile d'olive à feu moyen. Placez les galettes de riz aux légumes dans la poêle et faites cuire pendant environ 3 à 4 minutes de chaque côté, ou jusqu'à ce qu'elles soient dorées et croustillantes.

6. Retirez les galettes de la poêle et égouttez-les sur du papier absorbant pour enlever l'excès d'huile.

7. Servez les galettes de riz aux légumes d'été chaudes, accompagnées d'une sauce au yaourt à la menthe ou d'une sauce tomate fraîche. Bon appétit !

36. GALETTE DE LENTILLES ET TOPINAMBOURS

AUX ÉPICES MAROCAINES

INGRÉDIENTS

- 1 tasse de lentilles cuites (au choix)
- 1 tasse de topinambours cuits et écrasés (autocuiseur : 10 min, cuisson à l'eau : 20-30 min)
- 1 oignon moyen finement haché
- 2 gousses d'ail écrasées
- 1 cuillère à soupe d'épices marocaines (cumin, paprika, curcuma, gingembre)
- 1/2 tasse de chapelure
- 2 cuillères à soupe de farine tout usage
- Sel et poivre au goût
- Huile végétale pour la cuisson

RECETTE

1. Dans un grand bol, mélangez les lentilles cuites avec les topinambours écrasés.

2. Ajoutez l'oignon haché, l'ail écrasé, les épices marocaines, la chapelure et la farine. Assaisonnez avec du sel et du poivre selon votre goût. Mélangez bien tous les ingrédients jusqu'à obtenir une pâte homogène.

3. Formez des petites galettes avec la pâte de lentilles et topinambours en utilisant environ 2 cuillères à soupe de mélange par galette.

4. Dans une poêle, faites chauffer un peu d'huile végétale à feu moyen. Ajoutez les galettes de lentilles et topinambours dans la poêle et faites-les cuire pendant environ 3 à 4 minutes de chaque côté, jusqu'à ce qu'elles soient dorées et croustillantes.

5. Retirez les galettes de la poêle et égouttez-les sur du papier absorbant pour enlever l'excès d'huile.

6. Servez les galettes de lentilles et topinambours aux épices marocaines chaudes avec une sauce au yaourt à la menthe ou une sauce harissa, si désiré.

Ces galettes de lentilles et topinambours sont délicieuses accompagnées d'une salade de légumes ou de couscous. Bon appétit !

37. GALETTE DE LENTILLES VERTES AUX CHAMPIGNONS

INGRÉDIENTS

- 1 tasse de lentilles vertes cuites (autocuiseur : 20-25 min, cuisson à l'eau : 20-25 min)
- 200g de champignons, tranchés
- 1 oignon, haché finement
- 2 gousses d'ail, émincées
- 1/2 tasse de chapelure
- 2 cuillères à soupe de farine tout usage
- 1 cuillère à soupe de sauce soja
- 1 cuillère à café de thym séché
- Sel et poivre, au goût
- Huile d'olive, pour la cuisson

RECETTE

1. Dans une poêle, faites chauffer un peu d'huile d'olive à feu moyen. Ajoutez l'oignon haché et l'ail émincé, et faites revenir pendant quelques minutes jusqu'à ce qu'ils soient légèrement dorés.

2. Ajoutez les champignons tranchés dans la poêle et faites cuire jusqu'à ce qu'ils soient tendres. Retirez-les du feu et laissez-les refroidir.

3. Dans un grand bol, écrasez les lentilles cuites à l'aide d'une fourchette. Ajoutez les champignons cuits, la chapelure, la farine, la sauce soja, le thym, le sel et le poivre. Mélangez bien tous les ingrédients.

4. Formez des galettes en prenant une portion de la préparation à l'aide d'une cuillère à soupe et en les aplatissant légèrement.

5. Dans une poêle, faites chauffer un peu d'huile d'olive à feu moyen. Placez les galettes à la lentille verte et aux champignons dans la poêle et faites cuire pendant environ 3 à 4 minutes de chaque côté, ou jusqu'à ce qu'elles soient dorées et croustillantes.

6. Retirez les galettes de la poêle et égouttez-les sur du papier absorbant pour enlever l'excès d'huile.

7. Servez les galettes de lentille verte aux champignons chaudes, accompagnées d'une sauce au yaourt à l'aneth ou d'une sauce au tahini. Bon appétit !

38. GALETTE DE QUINOA AUX POIREAUX ET AUX CAROTTES

INGRÉDIENTS

- 1 tasse de quinoa cuit (à l'eau : 10 min)
- 2 poireaux, tranchés finement
- 2 carottes, râpées
- 2 gousses d'ail, émincées
- 1/2 tasse de chapelure
- 2 cuillères à soupe de farine tout usage
- 1 cuillère à café de cumin moulu
- Sel et poivre, au goût
- Huile d'olive, pour la cuisson

RECETTE

1. Dans une poêle, faites chauffer un peu d'huile d'olive à feu moyen. Ajoutez les poireaux tranchés et faites-les revenir pendant quelques minutes jusqu'à ce qu'ils soient tendres. Ajoutez l'ail émincé et faites cuire pendant 1 minute de plus.

2. Dans un grand bol, mélangez le quinoa cuit, les poireaux cuits, les carottes râpées, la chapelure, la farine, le cumin moulu, le sel et le poivre. Assurez-vous que tous les ingrédients sont bien mélangés.

3. Formez des galettes en prenant une portion de la préparation à l'aide d'une cuillère à soupe et en les aplatissant légèrement.

4. Dans une poêle, faites chauffer un peu d'huile d'olive à feu moyen. Placez les galettes de quinoa aux poireaux et aux carottes dans la poêle et faites cuire pendant environ 3 à 4 minutes de chaque côté, ou jusqu'à ce qu'elles soient dorées et croustillantes.

5. Retirez les galettes de la poêle et égouttez-les sur du papier absorbant pour enlever l'excès d'huile.

6. Servez les galettes de quinoa aux poireaux et aux carottes chaudes, accompagnées d'une sauce au yaourt à la menthe ou d'une sauce au tahini citronnée. Bon appétit !

39. GALETTE DE COQUILLETTES AU FROMAGE

INGRÉDIENTS

- 250 g de coquillettes cuites (à l'eau : 10 min)
- 200 g de fromage râpé (cheddar, emmental, gruyère, etc.)
- 2 œufs
- 2 cuillères à soupe de farine
- 2 cuillères à soupe de beurre
- Sel et poivre au goût

RECETTE

1. Dans un grand bol, mélangez les coquillettes cuites, le fromage râpé, les œufs, la farine, le sel et le poivre. Assurez-vous que tous les ingrédients soient bien mélangés.

2. Dans une poêle, faites fondre le beurre à feu moyen.

3. Prenez une portion de mélange de coquillettes et formez une galette à l'aide de vos mains. Placez la galette dans la poêle chaude.

4. Faites cuire la galette pendant environ 3 à 4 minutes de chaque côté, jusqu'à ce qu'elle soit dorée et croustillante.

5. Répétez l'opération avec le reste du mélange de coquillettes.

6. Retirez les galettes de la poêle et égouttez-les sur du papier absorbant pour enlever l'excès de beurre.

7. Servez les galettes de coquillettes au fromage chaudes en accompagnement d'une salade verte ou en plat principal. Bon appétit !

40. GALETTE DE QUINOA ET CHOU KALE AUX NOIX DE PÉCAN

INGRÉDIENTS

- 1 tasse de quinoa cuit (à l'eau : 10 min)
- 2 tasses de chou kale finement haché
- 1/2 tasse de noix de pécan concassées
- 1/4 de tasse de farine tout usage
- 2 œufs battus
- 2 cuillères à soupe d'huile d'olive
- 1 cuillère à café de sel
- 1/2 cuillère à café de poivre
- 1/2 cuillère à café de paprika
- 1/4 de cuillère à café de poudre d'ail

RECETTE

1. Dans un grand bol, mélangez le quinoa cuit avec le chou kale, les noix de pécan concassées et la farine tout usage.

2. Ajoutez les œufs battus, l'huile d'olive, le sel, le poivre, le paprika et la poudre d'ail. Mélangez bien tous les ingrédients jusqu'à obtenir une pâte homogène.

3. Formez des petites galettes avec la pâte de quinoa et chou kale en utilisant environ 2 cuillères à soupe de mélange par galette.

4. Dans une poêle, faites chauffer un peu d'huile d'olive à feu moyen. Ajoutez les galettes de quinoa et chou kale dans la poêle et faites-les cuire pendant environ 3 à 4 minutes de chaque côté, jusqu'à ce qu'elles soient dorées et croustillantes.

5. Retirez les galettes de la poêle et égouttez-les sur du papier absorbant pour enlever l'excès d'huile.

6. Servez les galettes de quinoa et chou kale aux noix de pécan chaudes avec une sauce au yaourt à la menthe ou une sauce au tahini, si désiré.

Ces galettes de quinoa et chou kale aux noix de pécan sont délicieuses servies avec une salade verte ou en accompagnement d'un plat principal. Bon appétit !

41. GALETTE DE PATATES DOUCES AUX ÉPINARDS ET À LA RICOTTA

INGRÉDIENTS

- 2 patates douces moyennes, cuites et écrasées (autocuiseur : 5 min, cuisson à l'eau : 10 min)
- 2 tasses d'épinards frais, hachés
- 1/2 tasse de ricotta
- 1/4 de tasse de parmesan râpé
- 2 cuillères à soupe de farine tout usage
- 1 gousse d'ail, émincée
- 1/2 cuillère à café de paprika
- Sel et poivre, au goût
- Huile d'olive, pour la cuisson

RECETTE

1. Dans un grand bol, mélangez les patates douces écrasées, les épinards hachés, la ricotta, le parmesan râpé, la farine tout usage, l'ail émincé, le paprika, le sel et le poivre. Assurez-vous que tous les ingrédients sont bien incorporés.

2. Formez des galettes en prenant une portion de la préparation à l'aide d'une cuillère à soupe et en les aplatissant légèrement.

3. Dans une poêle, faites chauffer un peu d'huile d'olive à feu moyen. Placez les galettes de patates douces aux épinards et à la ricotta dans la poêle et faites cuire pendant environ 3 à 4 minutes de chaque côté, ou jusqu'à ce qu'elles soient dorées et croustillantes.

4. Retirez les galettes de la poêle et égouttez-les sur du papier absorbant pour enlever l'excès d'huile.

5. Servez les galettes de patates douces aux épinards et à la ricotta chaudes, accompagnées d'une salade verte ou d'une sauce à base de yaourt grec. Bon appétit !

42. GALETTE DE LENTILLES VERTES AUX COURGETTES SAUTÉES

INGRÉDIENTS

- 1 tasse de lentilles vertes cuites (autocuiseur : 20-25 min, cuisson à l'eau : 20-25 min)
- 2 courgettes moyennes, râpées
- 1 oignon, haché finement
- 2 gousses d'ail, émincées
- 1/2 tasse de flocons d'avoine
- 2 cuillères à soupe de farine tout usage
- 1 cuillère à café de cumin moulu
- Sel et poivre, au goût
- Huile d'olive, pour la cuisson

RECETTE

1. Dans un grand bol, mélangez les lentilles vertes cuites, les courgettes râpées, l'oignon, l'ail, les flocons d'avoine, la farine tout usage, le cumin moulu, le sel et le poivre. Assurez-vous que tous les ingrédients sont bien mélangés.

2. Formez des galettes en prenant une portion de la préparation à l'aide d'une cuillère à soupe et en les aplatissant légèrement.

3. Dans une poêle, faites chauffer un peu d'huile d'olive à feu moyen. Placez les galettes à la lentille verte et aux courgettes dans la poêle et faites cuire pendant environ 3 à 4 minutes de chaque côté, ou jusqu'à ce qu'elles soient dorées et croustillantes.

4. Retirez les galettes de la poêle et égouttez-les sur du papier absorbant pour enlever l'excès d'huile.

5. Servez les galettes de lentilles vertes aux courgettes sautées chaudes, accompagnées d'une sauce au yaourt à l'ail ou d'une sauce tomate maison. Bon appétit !

43. GALETTE DE RIZ NOIR AU SÉSAME GRILLÉ ET AUX ALGUES WAKAME

INGRÉDIENTS

- 1 tasse de riz noir cuit (cuisson à l'eau : 30-40 min)
- 2 cuillères à soupe de graines de sésame grillées
- 2 cuillères à soupe d'algues wakame séchées, réhydratées et hachées finement
- 1 oignon vert, haché
- 1 cuillère à soupe de sauce soja
- 1 cuillère à soupe d'huile de sésame
- Sel et poivre selon votre goût

RECETTE

1. Dans un grand bol, mélangez le riz noir cuit, les graines de sésame grillées, les algues wakame, l'oignon vert, la sauce soja, l'huile de sésame, le sel et le poivre.

2. Mélangez bien tous les ingrédients jusqu'à obtenir une consistance qui permet de former des galettes.

3. Formez des galettes avec le mélange de riz et d'algues.

4. Dans une poêle antiadhésive, faites chauffer un peu d'huile et faites cuire les galettes des deux côtés jusqu'à ce qu'elles soient dorées et croustillantes.

5. Servez les galettes chaudes accompagnées d'une sauce soja ou d'une sauce aux algues. Bon appétit !

44. GALETTE DE POIS CHICHES À LA PATATE DOUCE
AUX ÉPICES INDIENNES

INGRÉDIENTS

- 1 tasse de pois chiches cuits (en boîte)
- 1 patate douce, cuite et écrasée (autocuiseur : 5 min, cuisson à l'eau : 10 min)
- 1 oignon, haché finement
- 2 gousses d'ail, émincées
- 2 cuillères à soupe de farine de pois chiche
- 1 cuillère à soupe de poudre de curry
- 1 cuillère à café de cumin moulu
- 1/2 cuillère à café de coriandre moulue
- 1/4 de cuillère à café de piment de Cayenne (facultatif)
- Sel et poivre, au goût
- Huile d'olive, pour la cuisson

RECETTE

1. Dans un grand bol, mélangez les pois chiches cuits, la patate douce écrasée, l'oignon, l'ail, la farine de pois chiche, la poudre de curry, le cumin moulu, la coriandre moulue, le piment de Cayenne (si désiré), le sel et le poivre. Assurez-vous que tous les ingrédients sont bien mélangés.

2. Formez des galettes en prenant une portion de la préparation à l'aide d'une cuillère à soupe et en les aplatissant légèrement.

3. Dans une poêle, faites chauffer un peu d'huile d'olive à feu moyen. Placez les galettes de pois chiches à la patate douce dans la poêle et faites cuire pendant environ 3 à 4 minutes de chaque côté, ou jusqu'à ce qu'elles soient dorées et croustillantes.

4. Retirez les galettes de la poêle et égouttez-les sur du papier absorbant pour enlever l'excès d'huile.

5. Servez les galettes de pois chiches à la patate douce aux épices indiennes chaudes, accompagnées de raïta (yaourt aux herbes) ou de chutney. Bon appétit !

45. GALETTE DE RIZ À LA COURGETTE ET À LA NOIX DE COCO

INGRÉDIENTS

- 1 tasse de riz cuit (cuisson à l'eau : 10 min)
- 1 courgette, râpée
- 1/4 de tasse de noix de coco râpée
- 2 œufs battus
- 2 cuillères à soupe de farine de blé
- 1 cuillère à café de poudre de curry
- 1/2 cuillère à café de cumin moulu
- 1/4 de cuillère à café de gingembre moulu
- Sel et poivre, au goût
- Huile d'olive, pour la cuisson

RECETTE

1. Dans un grand bol, mélangez le riz cuit, la courgette râpée, la noix de coco râpée, les œufs battus, la farine de blé, la poudre de curry, le cumin moulu, le gingembre moulu, le sel et le poivre. Assurez-vous que tous les ingrédients sont bien mélangés.

2. Formez des galettes en prenant une portion de la préparation à l'aide d'une cuillère à soupe et en les aplatissant légèrement.

3. Dans une poêle, faites chauffer un peu d'huile d'olive à feu moyen. Placez les galettes de riz à la courgette et à la noix de coco dans la poêle et faites cuire pendant environ 3 à 4 minutes de chaque côté, ou jusqu'à ce qu'elles soient dorées et croustillantes.

4. Retirez les galettes de la poêle et égouttez-les sur du papier absorbant pour enlever l'excès d'huile.

5. Servez les galettes de riz à la courgette et à la noix de coco chaudes, accompagnées d'une sauce au yaourt à la menthe ou d'une sauce aigre-douce. Bon appétit !

46. GALETTE DE BANANES PLANTAIN ET DE POIS CHICHES À LA CORIANDRE

INGRÉDIENTS

- 2 bananes plantain mûres
- 1 tasse de pois chiches cuits (en boîte)
- 1 oignon moyen finement haché
- 2 gousses d'ail écrasées
- 1/4 de tasse de coriandre fraîche hachée
- 2 cuillères à soupe de farine
- 1 cuillère à café de cumin en poudre
- 1 cuillère à café de paprika
- Sel et poivre au goût
- Huile végétale pour la cuisson

RECETTE

1. Épluchez les bananes plantain et coupez-les en rondelles épaisses.

2. Dans un grand bol, écrasez les rondelles de bananes plantain à l'aide d'une fourchette.

3. Ajoutez les pois chiches cuits, l'oignon haché, l'ail écrasé, la coriandre hachée, la farine, le cumin en poudre, le paprika, le sel et le poivre. Mélangez bien tous les ingrédients jusqu'à obtenir une pâte homogène.

4. Formez des galettes avec la pâte à l'aide de vos mains.

5. Dans une poêle, faites chauffer un peu d'huile végétale à feu moyen.

6. Placez les galettes dans la poêle chaude et faites-les cuire pendant environ 3 à 4 minutes de chaque côté, jusqu'à ce qu'elles soient dorées et croustillantes.

7. Retirez les galettes de la poêle et égouttez-les sur du papier absorbant pour enlever l'excès d'huile.

8. Servez les galettes de bananes plantain et de pois chiches à la coriandre chaudes en accompagnement d'une sauce au yaourt ou d'une salade. Bon appétit !

47. GALETTE DE LENTILLES VERTES AUX POIVRONS GRILLÉS

INGRÉDIENTS

- 1 tasse de lentilles vertes, cuites (autocuiseur : 20-25 min, cuisson à l'eau : 20-25 min)
- 1/2 tasse de poivrons grillés, coupés en petits morceaux (en boîte)
- 1 oignon, haché finement
- 2 gousses d'ail, émincées
- 2 cuillères à soupe de farine de pois chiche
- 1 cuillère à café de paprika
- 1/2 cuillère à café de cumin moulu
- Sel et poivre, au goût
- Huile d'olive, pour la cuisson

RECETTE

1. Dans un grand bol, mélangez les lentilles vertes cuites, les poivrons grillés, l'oignon, l'ail, la farine de pois chiche, le paprika, le cumin moulu, le sel et le poivre. Assurez-vous que tous les ingrédients sont bien mélangés.

2. Formez des galettes en prenant une portion de la préparation à l'aide d'une cuillère à soupe et en les aplatissant légèrement.

3. Dans une poêle, faites chauffer un peu d'huile d'olive à feu moyen. Placez les galettes de lentilles vertes et poivrons grillés dans la poêle et faites cuire pendant environ 3 à 4 minutes de chaque côté, ou jusqu'à ce qu'elles soient dorées et croustillantes.

4. Retirez les galettes de la poêle et égouttez-les sur du papier absorbant pour enlever l'excès d'huile.

5. Servez les galettes de lentilles vertes aux poivrons grillés chaudes, accompagnées d'une sauce au yaourt à la coriandre ou d'une sauce tomate aux herbes. Bon appétit !

48. GALETTE DE QUINOA AUX CHAMPIGNONS ET À L'ÉCHALOTE

INGRÉDIENTS

- 1 tasse de quinoa, cuit (à l'eau : 10 min)
- 1 tasse de champignons, coupés en petits morceaux
- 1 échalote, hachée finement
- 2 gousses d'ail, émincées
- 2 cuillères à soupe de farine de blé
- 1 cuillère à café de thym séché
- Sel et poivre, au goût
- Huile d'olive, pour la cuisson

RECETTE

1. Dans un grand bol, mélangez le quinoa cuit, les champignons, l'échalote, l'ail, la farine de blé, le thym séché, le sel et le poivre. Assurez-vous que tous les ingrédients sont bien mélangés.

2. Formez des galettes en prenant une portion de la préparation à l'aide d'une cuillère à soupe et en les aplatissant légèrement.

3. Dans une poêle, faites chauffer un peu d'huile d'olive à feu moyen. Placez les galettes de quinoa aux champignons et à l'échalote dans la poêle et faites cuire pendant environ 3 à 4 minutes de chaque côté, ou jusqu'à ce qu'elles soient dorées et croustillantes.

4. Retirez les galettes de la poêle et égouttez-les sur du papier absorbant pour enlever l'excès d'huile puis servez. Bon appétit !

49. GALETTE DE QUINOA THAÏLANDAISE
CITRONNELLE, CORIANDRE, PIMENT

INGRÉDIENTS

- 1 tasse de quinoa cuit (à l'eau : 10 min)
- 2 cuillères à soupe de farine tout usage
- 2 cuillères à soupe de coriandre fraîche hachée
- 1 cuillère à soupe de citronnelle finement hachée
- 1 petit piment rouge finement haché (ajustez la quantité selon votre goût)
- 1 gousse d'ail écrasée
- 1 cuillère à soupe de sauce soja
- 1 cuillère à soupe de jus de citron
- Sel et poivre au goût
- Huile végétale pour la cuisson

RECETTE

1. Dans un grand bol, mélangez le quinoa cuit, la farine, la coriandre, la citronnelle, le piment rouge, l'ail, la sauce soja et le jus de citron. Assaisonnez avec du sel et du poivre selon votre goût. Mélangez bien tous les ingrédients jusqu'à obtenir une pâte homogène.

2. Formez des petites galettes avec la pâte de quinoa en utilisant environ 2 cuillères à soupe de mélange par galette.

3. Dans une poêle, faites chauffer un peu d'huile végétale à feu moyen. Ajoutez les galettes de quinoa dans la poêle et faites-les cuire pendant environ 3 à 4 minutes de chaque côté, jusqu'à ce qu'elles soient dorées et croustillantes.

4. Retirez les galettes de quinoa de la poêle et égouttez-les sur du papier absorbant pour enlever l'excès d'huile.

5. Servez les galettes de quinoa thaïlandaises chaudes avec une sauce de votre choix, comme une sauce au yaourt à la menthe ou une sauce pimentée. Bon appétit !

50. GALETTE DE RIZ COMPLET AUX LÉGUMES D'AUTOMNE
POTIRON, CHOU-FLEUR, OIGNON

INGRÉDIENTS

- 1 tasse de riz complet, cuit (cuisson à l'eau : 45 min)
- 1 tasse de potiron, râpé
- 1 tasse de chou-fleur, râpé
- 1 oignon, haché finement
- 2 cuillères à soupe de farine de blé
- 1 cuillère à café de paprika
- 1/2 cuillère à café de cumin moulu
- Sel et poivre, au goût
- Huile d'olive, pour la cuisson

RECETTE

1. Dans un grand bol, mélangez le riz complet cuit, le potiron râpé, le chou-fleur râpé, l'oignon, la farine de blé, le paprika, le cumin, le sel et le poivre. Assurez-vous que tous les ingrédients sont bien mélangés.

2. Formez des galettes en prenant une portion de la préparation à l'aide d'une cuillère à soupe et en les aplatissant légèrement.

3. Dans une poêle, faites chauffer un peu d'huile d'olive à feu moyen. Placez les galettes de riz complet aux légumes d'automne dans la poêle et faites cuire pendant environ 3 à 4 minutes de chaque côté, ou jusqu'à ce qu'elles soient dorées et croustillantes.

4. Retirez les galettes de la poêle et égouttez-les sur du papier absorbant pour enlever l'excès d'huile.

5. Servez les galettes de riz complet aux légumes d'automne chaudes, accompagnées d'une sauce au yaourt à l'ail ou d'une sauce au tahini. Bon appétit !

51. GALETTE DE HARICOTS BLANCS AU ROMARIN ET À L'AIL

INGRÉDIENTS

- 2 tasses de haricots blancs cuits et égouttés (trempage : 12 h puis, autocuiseur : 20 min, cuisson à l'eau : 30 min)
- 1 oignon moyen finement haché
- 3 gousses d'ail écrasées
- 2 cuillères à soupe de romarin frais haché
- 1/2 tasse de chapelure
- 2 cuillères à soupe de farine tout usage
- Sel et poivre au goût
- Huile d'olive pour la cuisson

RECETTE

1. Dans un grand bol, écrasez les haricots blancs cuits à l'aide d'une fourchette jusqu'à obtenir une consistance grossière.

2. Ajoutez l'oignon haché, l'ail écrasé, le romarin frais, la chapelure et la farine. Assaisonnez avec du sel et du poivre selon votre goût. Mélangez bien tous les ingrédients jusqu'à obtenir une pâte homogène.

3. Formez des petites galettes avec la pâte de haricots blancs en utilisant environ 2 cuillères à soupe de mélange par galette.

4. Dans une poêle, faites chauffer un peu d'huile d'olive à feu moyen. Ajoutez les galettes de haricots blancs dans la poêle et faites-les cuire pendant environ 3 à 4 minutes de chaque côté, jusqu'à ce qu'elles soient dorées et croustillantes.

5. Retirez les galettes de haricots blancs de la poêle et égouttez-les sur du papier absorbant pour enlever l'excès d'huile.

6. Servez les galettes de haricots blancs au romarin et à l'ail chaudes avec une sauce de votre choix, comme une sauce au yaourt à l'ail ou une sauce tomate épicée. Bon appétit !

52. GALETTE DE QUINOA AUX LÉGUMES MÉDITERRANÉENS
POIVRONS, COURGETTES, AUBERGINES, TOMATES

INGRÉDIENTS

- 1 tasse de quinoa, cuit (à l'eau : 10 min)
- 1 tasse de légumes méditerranéens mélangés (poivrons, courgettes, aubergines, tomates), coupés en petits dés
- 1 oignon, haché finement
- 2 gousses d'ail, émincées
- 2 cuillères à soupe de farine de blé
- 1 cuillère à café d'origan séché
- 1/2 cuillère à café de basilic séché
- Sel et poivre, au goût
- Huile d'olive, pour la cuisson

RECETTE

1. Dans un grand bol, mélangez le quinoa cuit, les légumes méditerranéens mélangés, l'oignon, l'ail, la farine de blé, l'origan, le basilic, le sel et le poivre. Assurez-vous que tous les ingrédients sont bien mélangés.

2. Formez des galettes en prenant une portion de la préparation à l'aide d'une cuillère à soupe et en les aplatissant légèrement.

3. Dans une poêle, faites chauffer un peu d'huile d'olive à feu moyen. Placez les galettes de quinoa aux légumes méditerranéens dans la poêle et faites cuire pendant environ 3 à 4 minutes de chaque côté, ou jusqu'à ce qu'elles soient dorées et croustillantes.

4. Retirez les galettes de la poêle et égouttez-les sur du papier absorbant pour enlever l'excès d'huile.

5. Servez les galettes de quinoa aux légumes méditerranéens chaudes, accompagnées d'une sauce au yaourt à l'ail et au citron ou d'une sauce au tzatziki. Bon appétit !

53. GALETTE DE SARRASIN AUX CHAMPIGNONS ET À L'OIGNON

INGRÉDIENTS

- 1 tasse de farine de sarrasin
- 1 tasse d'eau
- 1/2 tasse de champignons, tranchés
- 1 oignon, haché finement
- 2 cuillères à soupe d'huile d'olive
- Sel et poivre, au goût

RECETTE

1. Dans un bol, mélangez la farine de sarrasin et l'eau jusqu'à obtenir une pâte lisse. Laissez reposer pendant environ 30 minutes.

2. Pendant ce temps, dans une poêle, faites chauffer une cuillère à soupe d'huile d'olive à feu moyen. Ajoutez les champignons et l'oignon haché. Faites revenir pendant environ 5 minutes, ou jusqu'à ce que les légumes soient tendres. Assaisonnez avec du sel et du poivre selon vos préférences.

3. Dans une autre poêle, faites chauffer la deuxième cuillère à soupe d'huile d'olive. Versez une petite quantité de pâte de sarrasin dans la poêle chaude et étalez-la pour former une galette. Laissez cuire pendant environ 2 à 3 minutes de chaque côté, ou jusqu'à ce que la galette soit légèrement dorée.

4. Répétez l'opération pour former les autres galettes avec le reste de la pâte.

5. Garnissez chaque galette avec une portion du mélange de champignons et d'oignon. Pliez la galette en deux pour la refermer.

6. Servez les galettes de sarrasin aux champignons et à l'oignon chaudes, accompagnées d'une salade verte ou d'une sauce au yaourt à l'aneth. Bon appétit !

54. GALETTE DE LENTILLES CORAIL ET NAVET À LA MOUTARDE

INGRÉDIENTS

- 1 tasse de lentilles corail cuites (autocuiseur : 5-10 min, cuisson à l'eau : 10-15 min)
- 1 navet moyen râpé
- 1 oignon moyen finement haché
- 2 cuillères à soupe de moutarde
- 2 cuillères à soupe de farine
- 1 cuillère à soupe d'huile d'olive
- Sel et poivre au goût

RECETTE

1. Dans un grand bol, mélangez les lentilles corail cuites, le navet râpé, l'oignon haché, la moutarde, la farine, le sel et le poivre. Assurez-vous que tous les ingrédients soient bien mélangés.

2. Dans une poêle, faites chauffer l'huile d'olive à feu moyen.

3. Prenez une portion de mélange de lentilles et formez une galette à l'aide de vos mains. Placez la galette dans la poêle chaude.

4. Faites cuire la galette pendant environ 3 à 4 minutes de chaque côté, jusqu'à ce qu'elle soit dorée et croustillante.

5. Répétez l'opération avec le reste du mélange de lentilles.

6. Retirez les galettes de la poêle et égouttez-les sur du papier absorbant pour enlever l'excès d'huile.

7. Servez les galettes de lentilles corail et navet à la moutarde chaudes en accompagnement d'une salade verte ou en plat principal.
Bon appétit !

55. GALETTE DE RIZ À LA COURGETTE ET AU BASILIC

INGRÉDIENTS

- 1 tasse de riz cuit (cuisson à l'eau : 10 min)
- 1 courgette, râpée
- 1/2 oignon, haché finement
- 2 cuillères à soupe de basilic frais, haché
- Sel et poivre, au goût
- Huile d'olive, pour la cuisson

RECETTE

1. Dans un bol, mélangez le riz cuit, la courgette râpée, l'oignon haché et le basilic frais. Assaisonnez avec du sel et du poivre selon vos préférences.

2. Formez des galettes avec le mélange en pressant fermement avec vos mains.

3. Dans une poêle, faites chauffer un peu d'huile d'olive à feu moyen. Placez les galettes de riz à la courgette et au basilic dans la poêle et faites-les cuire pendant environ 3 à 4 minutes de chaque côté, ou jusqu'à ce qu'elles soient dorées.

4. Retirez les galettes de la poêle et égouttez-les sur du papier absorbant pour enlever l'excès d'huile.

5. Servez les galettes de riz à la courgette et au basilic chaudes, accompagnées d'une sauce tomate ou d'une sauce au yaourt à la menthe. Bon appétit !

56. GALETTE DE TOFU À LA SAUCE PIQUANTE ET AUX GRAINES DE SÉSAME

INGRÉDIENTS

- 1 bloc de tofu ferme, égoutté et pressé
- 2 cuillères à soupe de sauce soja
- 2 cuillères à soupe de sauce piquante
- 2 cuillères à soupe de graines de sésame
- 1/2 tasse de chapelure
- 2 cuillères à soupe de farine tout usage
- Sel et poivre au goût
- Huile végétale pour la cuisson

RECETTE

1. Dans un bol, émiettez le tofu à l'aide d'une fourchette jusqu'à obtenir une consistance grossière.

2. Ajoutez la sauce soja, la sauce piquante, les graines de sésame, la chapelure et la farine. Assaisonnez avec du sel et du poivre selon votre goût. Mélangez bien tous les ingrédients jusqu'à obtenir une pâte homogène.

3. Formez des petites galettes avec la pâte de tofu en utilisant environ 2 cuillères à soupe de mélange par galette.

4. Dans une poêle, faites chauffer un peu d'huile végétale à feu moyen. Ajoutez les galettes de tofu dans la poêle et faites-les cuire pendant environ 3 à 4 minutes de chaque côté, jusqu'à ce qu'elles soient dorées et croustillantes.

5. Retirez les galettes de tofu de la poêle et égouttez-les sur du papier absorbant pour enlever l'excès d'huile.

6. Servez les galettes de tofu à la sauce piquante et aux graines de sésame chaudes avec une sauce supplémentaire à la sauce piquante ou à la sauce soja, si désiré.

Ces galettes de tofu sont délicieuses servies dans des pains à hamburger avec des légumes frais ou en accompagnement d'une salade de chou. Bon appétit !

57. GALETTE DE CHOUX DE BRUXELLES ET POIS CHICHES AU CURRY

INGRÉDIENTS

- 1 tasse de choux de Bruxelles cuits et hachés (cuisson à l'eau : 10-15 min)
- 1 tasse de pois chiches cuits et écrasés (enboîte)
- 1 oignon moyen finement haché
- 2 gousses d'ail écrasées
- 1 cuillère à soupe de poudre de curry
- 1/2 tasse de chapelure
- 2 cuillères à soupe de farine tout usage
- Sel et poivre au goût
- Huile végétale pour la cuisson

RECETTE

1. Dans un grand bol, mélangez les choux de Bruxelles cuits et hachés avec les pois chiches écrasés.

2. Ajoutez l'oignon haché, l'ail écrasé, la poudre de curry, la chapelure et la farine. Assaisonnez avec du sel et du poivre selon votre goût. Mélangez bien tous les ingrédients jusqu'à obtenir une pâte homogène.

3. Formez des petites galettes avec la pâte de choux de Bruxelles et pois chiches en utilisant environ 2 cuillères à soupe de mélange par galette.

4. Dans une poêle, faites chauffer un peu d'huile végétale à feu moyen. Ajoutez les galettes de choux de Bruxelles et pois chiches dans la poêle et faites-les cuire pendant environ 3 à 4 minutes de chaque côté, jusqu'à ce qu'elles soient dorées et croustillantes.

5. Retirez les galettes de la poêle et égouttez-les sur du papier absorbant pour enlever l'excès d'huile.

6. Servez les galettes de choux de Bruxelles et pois chiches au curry chaudes avec une sauce au yaourt à la menthe ou une sauce au curry supplémentaire, si désiré.

Ces galettes de choux de Bruxelles et pois chiches sont délicieuses en accompagnement d'une salade verte ou d'un riz basmati. Bon appétit !

58. GALETTE DE LENTILLES CORAIL ET DE COURGE MUSQUÉE À LA CANNELLE ET AU CUMIN

INGRÉDIENTS

- 1 tasse de lentilles corail cuites (autocuiseur : 5-10 min, cuisson à l'eau : 10-15 min)
- 1 tasse de courge musquée cuite et écrasée (autocuiseur : 20 min, cuisson à l'eau : 30-45 min)
- 1 oignon, haché
- 2 gousses d'ail, hachées finement
- 1 cuillère à café de cannelle
- 1 cuillère à café de cumin
- Sel et poivre selon votre goût
- 2 cuillères à soupe de farine
- Huile d'olive pour la cuisson

RECETTE

1. Dans une poêle, faites chauffer un peu d'huile d'olive et faites revenir l'oignon et l'ail jusqu'à ce qu'ils soient translucides.

2. Dans un grand bol, mélangez les lentilles corail cuites, la courge musquée écrasée, l'oignon et l'ail revenus, la cannelle, le cumin, le sel et le poivre.

3. Ajoutez la farine petit à petit jusqu'à obtenir une consistance qui permet de former des galettes.

4. Formez des galettes avec le mélange de lentilles et de courge.

5. Dans une poêle antiadhésive, faites chauffer un peu d'huile et faites cuire les galettes des deux côtés jusqu'à ce qu'elles soient dorées et croustillantes.

6. Servez les galettes chaudes accompagnées d'une sauce au yaourt à la menthe ou d'une sauce à la menthe et au citron. Bon appétit !

59. GALETTE DE RIZ BASMATI AUX HERBES FRAÎCHES ET AUX GRAINES DE GRENADE

INGRÉDIENTS

- 1 tasse de riz basmati cuit (cuisson à l'eau : 10 min)
- Un mélange d'herbes fraîches (coriandre, persil, menthe), hachées finement
- Les graines d'une grenade
- 1 oignon, haché
- 2 gousses d'ail, hachées finement
- Jus d'un citron
- Sel et poivre selon votre goût
- 2 cuillères à soupe de farine
- Huile d'olive pour la cuisson

RECETTE

1. Dans un grand bol, mélangez le riz basmati cuit, les herbes fraîches, les graines de grenade, l'oignon, l'ail, le jus de citron, le sel et le poivre.

2. Ajoutez la farine petit à petit jusqu'à obtenir une consistance qui permet de former des galettes.

3. Formez des galettes avec le mélange de riz et d'herbes.

4. Dans une poêle antiadhésive, faites chauffer un peu d'huile d'olive et faites cuire les galettes des deux côtés jusqu'à ce qu'elles soient dorées et croustillantes.

5. Servez les galettes chaudes accompagnées d'une sauce au yaourt à l'ail et à la menthe ou d'un chutney de coriandre. Bon appétit !

60. GALETTE DE POTIMARRON ET CHÂTAIGNE À LA CANNELLE ET À LA NOIX DE MUSCADE

INGRÉDIENTS

- 1 tasse de purée de potimarron (autocuiseur : 15 min, cuisson à l'eau : 20 min)
- 1/2 tasse de châtaignes cuites et écrasées (cuisson à l'eau : 30 min)
- 1/4 tasse de farine
- 1 oeuf
- 1 cuillère à café de cannelle
- 1/2 cuillère à café de noix de muscade
- Sel et poivre selon votre goût
- Huile d'olive pour la cuisson

RECETTE

1. Dans un grand bol, mélangez la purée de potimarron, les châtaignes écrasées, la farine, l'oeuf, la cannelle, la noix de muscade, le sel et le poivre.

2. Mélangez bien tous les ingrédients jusqu'à obtenir une consistance qui permet de former des galettes.

3. Formez des galettes avec le mélange de potimarron et de châtaigne.

4. Dans une poêle antiadhésive, faites chauffer un peu d'huile d'olive et faites cuire les galettes des deux côtés jusqu'à ce qu'elles soient dorées et croustillantes.

5. Servez les galettes chaudes accompagnées d'une sauce à la sauce au yaourt à la menthe ou d'une sauce à base de crème fraîche et de ciboulette. Bon appétit !

CONCLUSION

J'espère que ce livre de recettes végétariennes de « DELICIOZAA ! » vous a non seulement inspiré à explorer de nouvelles saveurs et à adopter un mode de vie sain et équilibré, mais aussi à faire preuve d'originalité et à adapter les recettes selon vos propres goûts et préférences. Chaque recette a été conçue comme une base sur laquelle vous pouvez laisser libre cours à votre créativité culinaire.

N'hésitez pas à expérimenter avec différents légumes, épices et textures pour créer des variations uniques de mes galettes végétales. Ajoutez vos ingrédients préférés, ajustez les quantités selon vos préférences et faites de chaque recette votre propre création culinaire. Laissez-vous guider par votre imagination et découvrez de nouvelles combinaisons de saveurs qui vous raviront.

Je vous encourage également à partager votre expérience en laissant un avis positif sur la page du livre. Votre soutien et vos commentaires positifs sont essentiels pour m'aider dans ma démarche d'auteur et pour inspirer d'autres lecteurs à découvrir ces délicieuses recettes végétariennes.

Je vous remercie d'avoir choisi « DELICIOZAA ! » et j'espère que ce livre vous apportera une expérience culinaire incroyable et inoubliable. N'oubliez pas de laisser libre cours à votre créativité, d'adapter les recettes selon vos goûts et de partager votre avis positif sur la page du livre.

Bon appétit et à bientôt pour le Tome 2 !

Printed by Amazon Italia Logistica S.r.l.
Torrazza Piemonte (TO), Italy